Corrupção e sistema político no Brasil

CB020446

Leonardo Avritzer
Fernando Filgueiras

Corrupção e sistema político no Brasil

1ª edição

CIVILIZAÇÃO BRASILEIRA

Rio de Janeiro
2011

Copyright © 2011, Leonardo Avritzer e Fernando Filgueiras

PROJETO GRÁFICO DE MIOLO
Evelyn Grumach e João de Souza Leite

DIAGRAMAÇÃO
Abreu's System

CIP-BRASIL. CATALOGAÇÃO-NA-FONTE
SINDICATO NACIONAL DOS EDITORES DE LIVROS, RJ

C85   Corrupção e sistema político no Brasil / organizadores Leonardo Avritzer, Fernando Filgueiras. – Rio de Janeiro: Civilização Brasileira, 2011.

Inclui bibliografia
ISBN 978-85-200-1032-7

1. Corrupção na política – Brasil. 2. Corrupção – Brasil. 3. Poder (Ciências sociais) – Brasil. 4. Brasil – Política e governo. I. Avritzer, Leonardo, 1959-. II. Filgueiras, Fernando.

10-6533.

CDD: 320.981
CDU: 32(81)

EDITORA AFILIADA

Todos os direitos reservados. Proibida a reprodução, armazenamento ou transmissão de partes deste livro, através de quaisquer meios, sem prévia autorização por escrito.

Este livro foi revisado segundo o novo Acordo Ortográfico da Língua Portuguesa.

Direitos desta edição adquiridos pela
EDITORA CIVILIZAÇÃO BRASILEIRA
Um selo da
EDITORA JOSÉ OLYMPIO LTDA.
Rua Argentina, 171 – Rio de Janeiro, RJ – 20921-380
Tel.: 2585-2000

Seja um leitor preferencial Record.
Cadastre-se e receba informações sobre nossos lançamentos e nossas promoções.

Atendimento e venda direta ao leitor:
mdireto@record.com.br ou (21) 2585-2002

Impresso no Brasil
2011

Sumário

Colaboradores

DEPUTADO TANKRED SCHIPANSKI

Deputado do Bundestag (Parlamento alemão) pela CDU/CSU. Membro do Centro de Estudos e Pesquisas Avançadas Europeu. Membro do comitê sobre leis e assuntos europeus.

FERNANDO FILGUEIRAS

Professor de ciências políticas da Universidade Federal de Minas Gerais (UFMG). Doutor em ciências políticas pelo Instituto Universitário de Pesquisas do Rio de Janeiro (Iuperj). Autor de *Corrupção, democracia e legitimidade* (Editora UFMG, 2008).

IZABELA MOREIRA CORRÊA

Gerente de Promoção de Ética, Transparência e Integridade da Controladoria-Geral da União (CGU). Graduada em administração pública pela Fundação João Pinheiro e mestre em ciências políticas pela Universidade Federal de Minas Gerais (UFMG).

JUAREZ GUIMARÃES

Professor de ciências políticas da Universidade Federal de Minas Gerais (UFMG). Doutor em ciências sociais pela Universidade Estadual de Campinas (Unicamp). Organizador de *Raymundo Faoro e o Brasil* (Fundação Perseu Abramo, 2009).

LEONARDO AVRITZER

Professor de ciências políticas da Universidade Federal de Minas Gerais (UFMG). Pós-doutor pelo Massachusetts Institute of Technology (MIT), nos Estados Unidos. Autor de diversos livros na área da teoria democrática, com destaque para *Participatory Institutions in Democratic Brazil* (Johns Hopkins University Press, 2009).

MARIA CRISTINA FERNANDES

Jornalista e editora de política do jornal *Valor Econômico*. Mestre em política comparada pela Universidade de Paris I e em política latino-americana pela Universidade de Londres.

NEWTON BIGNOTTO

Professor de filosofia política da Universidade Federal de Minas Gerais (UFMG). Pós-doutor pela École des Hautes Études en Sciences Sociales (França). Autor de livros de filosofia política, merecendo destaque *As aventuras da virtude* (Companhia das Letras, 2010).

RACHEL MENEGUELLO

Professora livre-docente de ciências políticas da Universidade Estadual de Campinas (Unicamp), pela qual se doutorou. Autora de artigos em periódicos científicos nacionais e internacionais. Coordenadora do Centro de Estudos de Opinião Pública (Cesop).

ROGÉRIO BASTOS ARANTES

Professor de ciências políticas da Universidade de São Paulo (USP), pela qual se doutorou. Autor de *Ministério Público e política no Brasil* (Sumaré/Educ, 2002) e de artigos em periódicos nacionais e internacionais.

Apresentação

Tem sido recorrente a percepção de que o sistema político brasileiro necessita de reformas. Esta percepção é motivada pelo fato de a opinião pública reconhecer que a corrupção no país é endêmica e cria dificuldades para a constituição de uma agenda sólida de desenvolvimento. Nesse sentido, o atual estágio da democratização no Brasil encontra na corrupção dos agentes públicos e das próprias instituições um dos maiores desafios para a ampliação da legitimidade e da qualidade da democracia. A incidência permanente da corrupção no sistema político brasileiro tem gerado uma série de concepções e teorias a esse respeito. Alguns autores têm sustentado a ideia da naturalidade ou mesmo da inevitabilidade da corrupção no Brasil. Este livro pretende apresentar uma teoria diferente do fenômeno. Sustentamos que a corrupção é um problema antes de tudo político, que não depende apenas de mudanças na máquina administrativa do Estado. Argumentamos que o que está em jogo no Brasil é uma concepção de público que esteja além da eficiência da gestão pública e que se constitua como questão político-moral da coisa pública. A corrupção degrada a legitimidade e a qualidade da democracia, comprometendo a capacidade das instituições de proporcionar uma compreensão do que é ou deve ser o público no país.

Este livro retrata pesquisas desenvolvidas no Centro de Referência do Interesse Público (Crip) da Universidade Federal de Minas Gerais (UFMG) e por parceiros na academia e nas instituições sobre o tema da corrupção. O Crip é um centro interdisciplinar de pesquisas na área de ciências humanas, interessado em questões que afetam a vida pública no Brasil contemporâneo. Dentre essas questões, a corrupção certamente merece uma abordagem mais ampla. Abordaremos a questão da corrupção a partir de dois enfoques: (1) o impacto da corrupção na cultura política brasileira e suas consequências para a legitimidade das instituições políticas; (2) o desenvolvimento de instituições de controle para enfrentar a corrupção no Brasil e seu desempenho na efetivação da integridade pública. Com esses dois enfoques em vista, o livro procura compreender a relação entre instituições e cultura política para o enfrentamento da corrupção no Brasil.

O primeiro capítulo, de autoria do professor Newton Bignotto, aborda a relação entre corrupção e opinião pública. Esse capítulo trata da importância da abordagem da opinião pública sobre a corrupção, que, como destaca Bignotto, deve partir da compreensão do grau de inserção dos cidadãos na vida pública e das condições de circulação das informações. No limite, a importância da opinião pública sobre a corrupção é atestar como o poder público exerce suas funções e como a lei é percebida pela população. Com esse tipo de problematização em vista, o capítulo mostra como a corrupção ameaça o Estado de direito e as liberdades fundamentais e ressalta, além disso, a importância de se compreender a visão do público para a construção de uma perspectiva política para seu enfrentamento.

O capítulo *Governabilidade, sistema político e corrupção no Brasil* aponta as consequências da corrupção para a qualidade do arranjo institucional da democracia brasileira, observando, principalmente, o impacto da corrupção na legitimidade democrática. Como aponta o autor, mesmo que a governabilidade esteja assegurada, no âmbito do presidencialismo de coalizão brasileiro, a corrupção degenera a capacidade das instituições de intervir legitimamente na sociedade. Leonardo Avritzer ressalta a necessidade de manutenção da agenda da reforma política, com foco especialmente na questão do financiamento de campanhas eleitorais e na relação entre os três poderes da República.

O capítulo *O lugar da corrupção no mapa de referências dos brasileiros: aspectos da relação entre corrupção e democracia*, de autoria de Rachel Meneguello, trata do impacto da corrupção na cultura política brasileira, especialmente no que tange às orientações dos brasileiros em relação às suas instituições. O capítulo mostra que há uma zona cinzenta entre a adesão dos brasileiros à democracia e as orientações normativas aí envolvidas em relação ao comportamento eleitoral e o apoio dos cidadãos às instituições democráticas. De acordo com Meneguello, a corrupção não tem afetado o comportamento eleitoral dos brasileiros, apesar de afetar claramente a qualidade da democracia. O resultado é que o melhor caminho para enfrentar a corrupção, segundo a autora, é aprimorar as instituições de forma que elas readquiram a confiança dos cidadãos.

No quarto capítulo, Juarez Guimarães mostra a importância de uma concepção de sociedade civil para traçar o alcance da corrupção na política. Uma razão republicana, de acordo com Guimarães, deve poder conectar a dimensão institucional com a dimensão social do público. A seu juízo, esse é o principal problema da construção republicana do Brasil, que faz com que a corrupção persista mesmo diante de espasmos de alvoroço social e de enfrentamento institucional dos vícios dos agentes públicos. Partir da noção de que o Estado é o espaço natural dos vícios não contribui para o enfrentamento adequado da corrupção que grassa no Brasil. O fato, segundo Guimarães, é que uma razão republicana tem sido retirada dos escombros do autoritarismo brasileiro, em que o seu ajuntamento com a democracia é capaz de possibilitar outra cena política na qual a corrupção seja, por princípio, controlada.

Os quatro primeiros capítulos tratam da relação entre a corrupção e a cultura política brasileira. Os cinco capítulos seguintes abordam a experiência e o desenvolvimento institucional da democracia brasileira diante do tema do controle da corrupção.

No quinto capítulo, Rogério Arantes busca compreender o aprimoramento da Polícia Federal e seu envolvimento no controle e desvelo da corrupção no Brasil. O autor mostra como a Constituição de 1988 ensejou um processo de desenvolvimento institucional da Polícia Federal e como essa instituição se tornou importante para a desocultação da corrupção no sistema político brasileiro. O autor demonstra ainda como a questão do controle vai se deslocando de esferas locais e estaduais para a esfera federal, e como o controle da corrupção desloca-se da esfera administrativa para a esfera criminal, tornando-se cada vez mais centralizado na dimensão da União, no âmbito do federalismo brasileiro.

O sexto capítulo, *Transparência e controle da corrupção no Brasil*, de autoria de Fernando Filgueiras, aborda o desenvolvimento das instituições de controle no Estado brasileiro e o fortalecimento da transparência como princípio da gestão pública. O autor mostra que a transparência é uma condição importante, mas não suficiente, para o enfrentamento da corrupção no Brasil. Ele demonstra como as reformas gerencialistas no país fomentaram a transparência como princípio da gestão e, por consequência, proporcionaram uma política do escândalo que deriva da ineficiência da gestão pública e da impunidade dos crimes de corrupção. Segundo o autor, é fundamental reconsiderar o princípio da publicidade como um valor além da transparência, capaz de balizar uma política de enfrentamento da corrupção.

O sétimo capítulo, de autoria de Izabela Moreira Corrêa, descreve os avanços do desenvolvimento institucional do sistema de integridade pública no Brasil e a necessidade de manutenção das reformas da administração pública, com foco na coordenação e integração das atividades das instituições de controle da corrupção. A autora mostra como se deu o desenvolvimento dessas instituições e a centralidade de seu entendimento para o atual estágio da administração pública brasileira.

Maria Cristina Fernandes, editora de política do jornal *Valor Econômico*, expõe no oitavo capítulo os percalços da relação entre o jornalismo brasileiro e os escândalos de corrupção. A autora mostra como a imprensa é parte da disputa política pelo poder do Estado no Brasil e como a defesa difusa da cidadania, que domina a imprensa, faz com que a corrupção apareça como um fenômeno de limites pouco precisos na sociedade, pouco contribuindo para a informação e compreensão dos interesses e dos nexos que dão materialidade à corrupção no Brasil.

Por fim, o deputado Tankred Schipanski discorre sobre a experiência alemã de enfrentamento da corrupção, a partir da transcrição de sua palestra realizada em um seminário organizado pelo Crip em Brasília em abril de 2010. Ele mostra como a corrupção é combatida no âmbito do sistema político alemão e também na esfera privada, o que compreende, por sua vez, o mundo econômico e corporativo como um espaço potencial da corrupção nas sociedades contemporâneas. Tratando o caso Flick-Affair e o caso Siemens, ele mostra como a corrupção pode tomar forma política e econômica e quais foram as estratégias que os alemães adotaram para o seu enfrentamento.

Este livro busca apresentar ao leitor uma concepção mais abrangente da corrupção, que não fique retida apenas em seu aspecto jurídico-político, mas que sirva, sobretudo, à discussão prática para o aprimoramento e a instrumentalização das instituições a fim de controlar essa patologia que corrói os valores da democracia. A partir das pesquisas aqui apresentadas, trataremos a questão da corrupção pelo enfoque da cultura política e das instituições. Acreditamos que, ao mostrar a fraqueza de uma identidade pública como causa principal da corrupção, estaremos contribuindo para o aprimoramento das práticas políticas e abrindo o caminho para a melhoria da qualidade das práticas políticas no Brasil.

Os organizadores gostariam de agradecer ao apoio financeiro e logístico proporcionado pela Fundação Konrad Adenauer Stiftung, sem o qual as pesquisas e este livro, desenvolvidos pelo Centro de Referência do Interesse Público da UFMG, não teriam sido possíveis. Gostaríamos também de agradecer à Fundação Ford pelo apoio para a constituição do Crip, Centro de Referência do Interesse Público.

Leonardo Avritzer
Fernando Filgueiras
(organizadores)

Corrupção e opinião pública

Newton Bignotto

Em pesquisa realizada em 2009 pelo Centro de Referência do Interesse Público[1] sobre "a corrupção e o interesse público", constatou-se, como havia ocorrido no ano anterior, que uma parcela absolutamente majoritária da população brasileira considera o problema da corrupção uma marca de nossa vida pública.

Gráfico 1. A gravidade da corrupção (%)

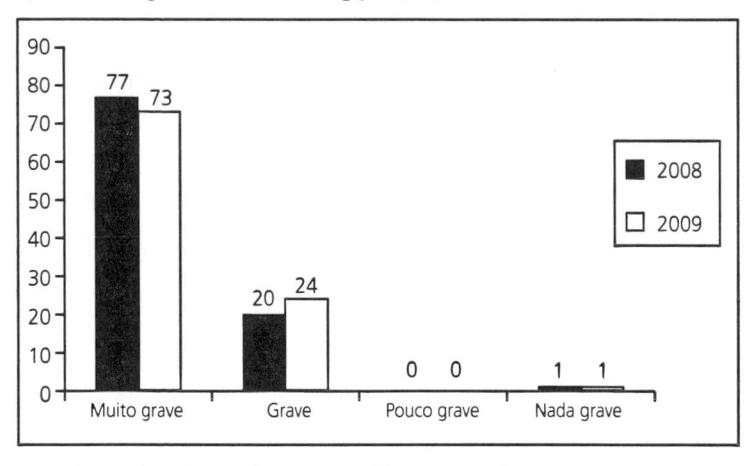

Fonte: Centro de Referência do Interesse Público/Vox Populi, 2008 e 2009.

Em termos mais precisos, em 2009, 73% da população considerou a situação muito grave, enquanto 24% a julgaram grave. A proporção dos que avaliaram o problema como sem importância é praticamente nula. Um primeiro olhar sobre esses dados mostra que a opinião pública brasileira considera a corrupção uma das principais mazelas do país e a julga a responsável por muitos dos problemas que afligem nossa população. Apesar da urgência evidente da situação, o Brasil carece de um tratamento sistemático da questão e, sobretudo, de um estudo de longo prazo que nos ajude a compreender a extensão e a profundidade de um fenômeno percebido como central em nossa vida pública e sobre o qual sabemos relativamente pouco.

Se olharmos para nossa história, veremos que a denúncia de casos de corrupção esteve presente em vários momentos, embora seja duvidoso que possamos analisá-los a partir de um mesmo ponto de vista. Como observou Lilia Schwarcz, durante o Império, "atacar o imperador era sinônimo de atacar o Estado, uma vez que ele o personificava".[2] Por isso, os casos de corrupção que surgiram no final do período imperial são um sintoma muito grave da saúde política daquele sistema, que começou a entrar em colapso a partir do momento em que foi percebido como incapaz de representar a soberania como uma totalidade imparcial. Na Primeira República, como observa José Murilo de Carvalho, o termo corrupção continuou a ser usado como uma crítica ao sistema de governo, mas não necessariamente às pessoas que governavam. Essa percepção mudou a partir de 1945, quando a oposição ao governo Vargas intensificou sua campanha, baseada em uma nova ideia de corrupção: "Corruptos eram os indivíduos, os políticos getulistas, o próprio Vargas. Expulsos o presidente e seus aliados, voltaria a correr água cristalina nas tubulações da República."[3] Essa abordagem, poderíamos dizer "moralista", do fenômeno transformou-se em um caminho batido para todos os que procuram denunciar a corrupção dos governantes e do poder público do momento. É claro que a corrupção possui uma dimensão moral, que precisa ser apresentada e esclarecida. Mas o que se inaugura com a crítica a Vargas é menos uma maneira de compreender a corrupção em sua dimensão moral e mais um procedimento de acusação e de crítica, que parece se esgotar no simples fato de ter sido enunciado. Com isso, cria-se a percepção correta de que o Estado convive com comportamentos que o ameaçam, mas abdica da tarefa de investigá-los em toda a sua complexidade, diante da eficácia aparente, na esfera política, da simples acusação de corrupção que se lança contra um funcionário público ou um político. Tudo se passa como se a constatação da corrupção servisse como ferramenta para sua compreensão.

O desafio atual, diante dos resultados auferidos por pesquisas como a mencionada, é aproveitar corretamente os dados e usá-los como ferramenta para uma melhor compreensão dos processos que minam nossa vida pública. Para realizar essa tarefa, é mister reconhecer que pesquisas de opinião pública não são adequadas para desvendar os mecanismos efetivos da corrupção no Brasil. Os processos de remessa ilegal de divisas para o exterior ou os meandros dos financiamentos das campanhas políticas, por exemplo, além dos muitos processos de fraude que dificultam o controle dos diversos processos de corrupção pelos órgãos oficiais encarregados de combatê-los, são fenômenos que necessitam de tempo e de rigor para ser devidamente desvendados. No entanto, a constatação das dificuldades inerentes ao estudo de um fenômeno cuja complexidade muitas vezes nos escapa não é razão para abandonarmos os estudos baseados na percepção do fenômeno pela opinião pública, nem motivo para considerarmos essas pesquisas uma ferramenta de análise limitada. A nosso ver, o problema que se coloca é delimitar com precisão o objeto visado por esses procedimentos de estudo e medir corretamente as conclusões que deles podemos tirar.

Para avançar um pouco nesse terreno, podemos tomar como ponto de partida razoável o fato de que pesquisas de opinião pública precisam ser repetidas ao longo do tempo para oferecer um material de investigação rico e nuançado. Se nos limitarmos à coleta de apenas um ano, poderemos terminar com um resultado que refletiria a conjuntura presente, mas não permitiria avançar em conclusões sobre um dos componentes essenciais da vida política contemporânea.

Um segundo ponto importante é definir a noção de opinião pública que está nos orientando. Se tomarmos como referência as sociedades contemporâneas, podemos partir de uma definição de opinião pública influenciada por Hannah Arendt e por Habermas e conservada por Peter Longerich, que, de forma resumida, ele afirma:

> Entendemos em geral por opinião pública uma esfera em princípio acessível a todos, na qual os indivíduos, enquanto membros do público, podem se comunicar de maneira relativamente livre uns com os outros sobre questões que interessam à comunidade. O acesso sem entraves às informações, a liberdade de expressão e a tolerância recíproca de perspectivas compõem essa opinião pública, fórum de comunicação para todos os que dizem alguma coisa ou que querem escutar o que dizem os outros.[4]

Essa definição é fundamental para nossos propósitos não só por fornecer um marco teórico consistente, mas por nos alertar quanto às distorções que podem surgir em nossos estudos se não levarmos em conta os reais fatores que ordenam e limitam a vida política. Como já observou em várias ocasiões Leonardo Avritzer, é preciso não se deixar iludir pela constituição de índices internacionais, que nem sempre consideram a forma de governo e o funcionamento de suas instituições no momento de aferir a corrupção. Essa pretensa neutralidade dos índices mascara o fato óbvio de que a corrupção envolve necessariamente aspectos importantes da esfera pública. Um país submetido a uma ditadura, ou no qual não há liberdade de imprensa, pode aparecer como menos corrupto em pesquisas de opinião pelo simples fato de que faltam a ele as características essenciais para a constituição de uma verdadeira esfera pública.

Para compreender os resultados de uma pesquisa de opinião sobre a corrupção é necessário analisar o tipo de discurso implícito que ela revela. Quando respondemos a um questionário, manifestamos ao mesmo tempo nossos interesses e certa visão de mundo. O ideal seria que todos pudessem responder considerando apenas o interesse comum, mas essa situação está longe de corresponder à realidade e talvez nem possa existir em sociedades capitalistas e marcadas por valores liberais. De forma mais prudente, devemos tentar separar os diversos elementos contidos nas muitas perguntas e levar em conta que eles só são apreensíveis em sua racionalidade discursiva se forem pensados em sua situação histórica.

Isso se torna mais facilmente compreensível se lembrarmos que em determinado momento histórico, quando o indivíduo se vê apenas como agente solitário da própria vida, o conjunto das opiniões sobre determinado tema tem pouco valor gnosiológico, pois é apenas uma soma de opiniões, sem um terreno comum de expressão. Para se ter uma ideia da dificuldade de lidar com esse tipo de situação, basta lembrar os obstáculos enfrentados pelos historiadores para estudar a opinião pública em países submetidos a regimes extremos. Peter Longerich, que estudou a opinião pública durante o nazismo, chegou a dizer que, mesmo com o uso de diversas fontes, que ajudam a recuperar o estado de ânimo da população, é difícil falar em opinião pública sem uma esfera pública minimamente constituída. Referindo-se aos anos compreendidos entre 1933 e 1945, ele afirma:

> A sociedade alemã, na realidade atomizada em indivíduos, em famílias, em vizinhanças, em grupos de amigos e no que restava dos meios sociopolíticos, não dispunha mais dos canais de comunicação e dos mecanismos discursivos suficientes para desenvolver por ela mesma uma opinião verificável independente do regime, uma "opinião pública" manifestada de maneira ostensiva.[5]

O que nos interessa aqui é mostrar que, para efetuar uma análise correta da opinião pública, é necessário partir de uma compreensão clara do grau de inserção dos cidadãos na vida pública, das condições de circulação das informações, da maneira pela qual o poder público exerce suas funções e de como a lei é percebida pela população. No sentido inverso, o estudo da opinião pública a respeito de um tema como a corrupção, pode nos levar a entender mais profundamente a natureza das relações dos indivíduos e dos cidadãos com o Estado e com a sociedade, e que tipo de visão orienta suas percepções do mundo em que vivem. Dizendo de outra maneira, gostaríamos de mostrar que a opinião sobre a corrupção é uma ferramenta importante não somente para compreender como o fenômeno afeta a vida política da nação, mas também como o processo de elaboração da percepção do funcionamento das instituições públicas funciona e se reflete no mundo político. Para usar de forma proveitosa essas pesquisas, é necessário, por um lado, reconhecer seus limites, e, por outro, apreender o significado dos dados para além do que eles revelam na leitura imediata dos números. Vamos nos dedicar, agora, a tentar elucidar alguns procedimentos analíticos, retornando à pesquisa citada no início do capítulo.

Como vimos, a população brasileira acredita que a corrupção é um fenômeno fundamental da vida pública nacional. Com alguma frequência, os meios de comunicação falam em uma "corrupção endêmica". O que significa e o que esconde o uso dessa metáfora médica em pleno século XXI? Alguns autores e jornalistas preferem falar em uma cultura da corrupção, que seria responsável pela constância do problema em nossa vida pública. Nesse caso, que significado poderíamos atribuir a uma cultura impregnada pela ideia da corrupção? Acreditamos que o recurso ao estudo sistemático da visão da população brasileira, como esse que estamos empreendendo, pode ajudar a aquilatar melhor a natureza e o alcance dessas afirmações, que em sua generalidade correm o risco de se revelar estéreis como descrições do fenômeno que nos interessa.

Voltando à primeira afirmação, que dizia ser a corrupção um grave fenômeno da vida nacional, é preciso observar que ela contém dois pressupostos gnosiológicos. O primeiro indica que o cidadão possui determinada concepção do que seja a corrupção; o segundo mostra que ele a aplica a uma forma política da qual reconhece a identidade e na qual se sente inserido. As afirmações podem ser deduzidas pelo simples fato de que o número de indivíduos que disseram não saber responder é bastante baixo. Deixemos de lado, por enquanto, a questão da identidade nacional implícita na resposta, para nos concentrarmos na definição da corrupção. Na sequência do questionário, algumas perguntas nos ajudam a esclarecer essa questão. Diante da pergunta a respeito de qual ato é considerado mais corrupto, 39% dos entrevistados apontaram aqueles que prejudicam o Estado e são praticados por funcionários públicos ou por políticos. Se observarmos que 30% acreditam que qualquer ato prejudicial ao Estado deve ser considerado corrupto, podemos constatar que a opinião pública brasileira parece seguir os passos de muitos cientistas sociais que, na esteira dos trabalhos de Norberto Bobbio, tendem a centrar a análise da corrupção quase exclusivamente no comportamento dos funcionários públicos e dos homens políticos.

Gráfico 2. Concepções de corrupção da opinião pública (%)

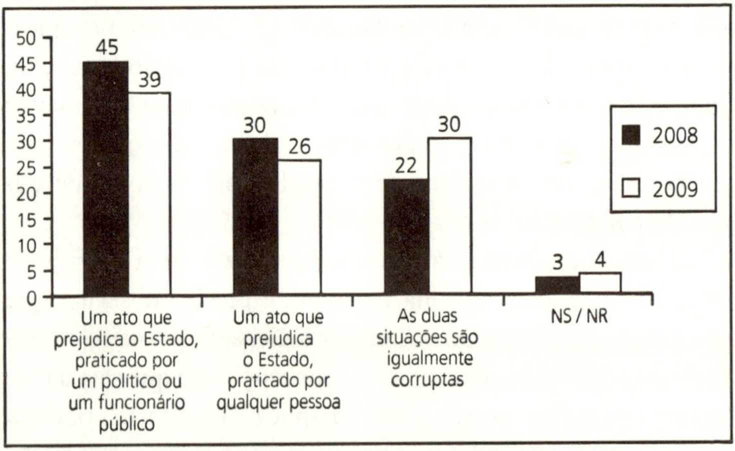

Fonte: Centro de Referência do Interesse Público/Vox Populi, 2008 e 2009.

Essa maneira de colocar o problema nos ajuda a ver que, em grande medida, o Estado é o referencial maior para todos os que se dispõem a pensar a questão da corrupção. Por essa razão, pode parecer natural analisar o problema a partir das diversas relações que o constituem e que, com ele, entretêm os indivíduos. Não há nada errado nessa formulação, mas não podemos esquecer de que a ideia de Estado não é neutra para a opinião pública. Se é possível esperar dos cientistas sociais certa convergência em torno do conceito de Estado, não podemos nos esquecer de que quando falamos em opinião pública estamos no terreno das ideias gerais, talvez até mesmo das noções adquiridas e solidificadas pela vivência na arena pública, mas não de conceitos e de argumentos puramente racionais. Nesse sentido, temos de compreender de que maneira a noção de Estado está sendo entendida, para avançarmos em nossas análises.

Em outra questão, foi pedido aos participantes da pesquisa que dissessem quais dos assuntos listados eram influenciados pela corrupção. Embora não possamos nos esquecer de que os assuntos listados foram escolhidos pelos pesquisadores e de que não havia questões abertas aos entrevistados, o reconhecimento de que fatores como violência, qualidade dos serviços públicos, desigualdade social, destruição do meio ambiente, carga tributária e precarização do sistema judiciário são afetados pela corrupção indica que eles são tocados pelo comportamento dos agentes públicos, que, nessa lógica, deveriam evitar os efeitos nefastos gerados pela incapacidade de lidar com comportamentos que impedem o Estado de funcionar. A consciência dos efeitos da corrupção não pode ser tomada nem por uma definição do Estado nem mesmo por uma ideia geral a respeito do tema, mas indica o tipo de problema que, uma vez listado, é imediatamente reconhecido como parte do núcleo da vida pública. A conclusão parcial que podemos alcançar com o cruzamento inicial dos dados apresentados é que a opinião pública brasileira reconhece os efeitos nefastos da corrupção e liga-os a atividades relacionadas diretamente com as práticas associadas ao aparelho estatal. Essa visão não exclui outras, derivadas de uma leitura mais ampla dos comportamentos observados na arena pública, mas demonstra, com clareza, que a dimensão política da corrupção é plenamente reconhecida e apontada como o terreno por excelência no qual os atos corruptos são praticados.

Gráfico 3. Temas influenciados pela corrupção (médias)

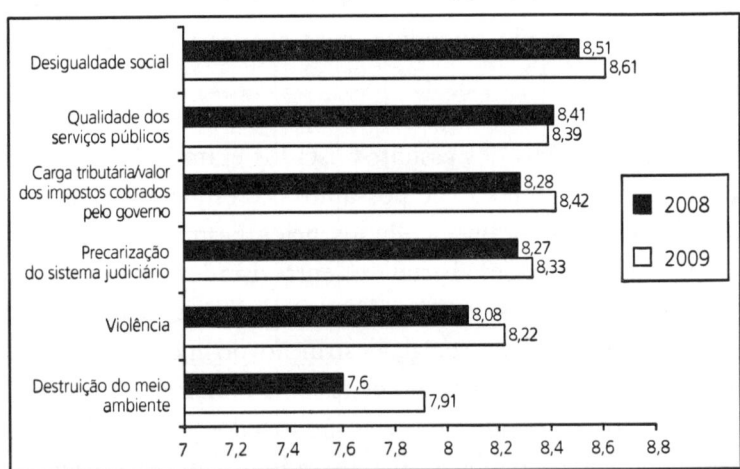

Fonte: Centro de Referência do Interesse Público/Vox Populi, 2008 e 2009.

Para os estudiosos do problema, surge a questão de como lidar com o fato de que a opinião pública associa diretamente corrupção e política. Podemos começar dizendo que está implícita uma ideia de política que orienta as opiniões dominantes. As respostas analisadas até aqui não nos permitem, no entanto, distinguir claramente seus traços — nem é razoável supor que haja uma unidade muito grande entre o público com relação a esse tema. O que devemos reter é a escolha da arena política como um referencial para a identificação de práticas corruptas. Outra pergunta nos ajuda a precisar o que estamos afirmando. Quando se trata de identificar os grupos mais afeitos a serem corrompidos, as respostas indicam claramente que os diversos poderes — o Legislativo em primeiro lugar, seguido pelos órgãos de polícia e pela classe empresarial — são os setores mais afetados pela corrupção. No outro extremo, os mais pobres, as pessoas mais velhas e os mais jovens são os menos suscetíveis a se corromper.

O interessante é que "o povo brasileiro", em sua generalidade, é menos afetado pela corrupção que suas instituições. Desfaz-se assim a ideia de que tenhamos uma autoimagem negativa, que estaria na raiz das explicações sobre nossas mazelas. A corrupção está fortemente presente na vida brasileira, mas é percebida antes de tudo como um fenômeno que afeta as instituições e os poderes, e não as pessoas em geral ou as formas associativas mais próximas dos cidadãos comuns. Não podemos, no entanto, tomar essas afirmações como um retrato fiel do comportamento dos brasileiros. Veremos mais tarde que quanto mais próximos da vida privada, mais ambíguas são as posições das pessoas a respeito dos atos que podem ser considerados corruptos. Porém, podemos reter o fato de que é na esfera pública que a opinião pública brasileira identifica dominantemente a corrupção como um problema. Toda a questão está na maneira como percebemos historicamente o funcionamento dessa esfera e como tal percepção se ancora numa longa tradição de desmandos e de cumplicidades.

Essa simples constatação aponta um problema que atravessa a história contemporânea brasileira: a indistinção entre público e privado. Se, como afirma Faoro, desde sempre no Brasil

Gráfico 4. A presença da corrupção em ambientes institucionais e sociais (médias)

%	Mai/2008 (Base: 2.421)	Jul/2009 (Base: 2.400)
Câmara dos Deputados	8,34	8,54
Senado Federal	8,02	8,43
Câmara dos Vereadores	8,36	8,34
Prefeitura	8,07	8,14
As pessoas mais ricas	8,02	7,88
Governo do Estado	7,56	7,72
Polícia Militar	7,42	7,66
Polícia Civil	7,37	7,58
O Poder Judiciário	7,36	7,54
Os empresários	7,53	7,48
Polícia Federal	6,64	6,99
Presidência da República	7,43	6,89
A classe média	6,59	6,57
Clubes de futebol	7,15	6,39
Os homens	6,88	6,32
O povo brasileiro em geral	6,67	6,22
A mídia (jornais, revistas, TVs)	6,33	6,09
Movimentos sociais	6,32	5,73
Igrejas Evangélicas	6,67	5,46
Associação de bairro	5,65	5,34
ONGs	5,84	5,17
As pessoas mais jovens	5,42	4,74
Igreja Católica	5,57	4,60
As mulheres	5,15	4,26
As pessoas mais velhas	4,85	4,06
As pessoas mais pobres	4,80	3,74
Média das médias	**6,80**	**6,47**

Fonte: Centro de Referência do Interesse Público/Vox Populi, 2008 e 2009.

"a comunidade política conduz, comanda, supervisiona os negócios como negócios privados seus, na origem, [e] como negócios públicos depois, em linhas que se demarcam gradualmente",[6] é preciso reconhecer que, além das polêmicas que envolvem a tese da conservação do patrimonialismo como fundamento para as práticas políticas até nossos dias, não temos como deixar de lado o fato de que o Estado brasileiro se constituiu a partir de um modelo de organização que ao longo da história misturou as esferas e contribuiu em muitos momentos para sua indistinção. Como resume José Maurício Domingues:

É na vinculação entre interesses privados, do indivíduo isolado que suborna o guarda de trânsito à grande empresa que se articula a parlamentares e ministérios, passando pelo financiamento de campanhas eleitorais, que as próprias posições e os cargos estatais são tomados como objeto de posse privada de seus ocupantes.[7]

Essas observações mostram que o estudo da corrupção no Brasil não pode ser realizado à parte do recurso à teoria política e à história, sem o qual podemos ser levados a inventar uma esfera pública ideal, que não corresponde efetivamente aos processos históricos brasileiros nos quais nasce a percepção da gravidade da corrupção. Não se trata, é óbvio, de negar a gravidade do problema nem de abandonar a ideia de que a corrupção é quase sempre associada ao Estado, como se fosse derivada de um erro analítico da opinião pública. O que cabe é pensar esses dados à luz de um conjunto de referências mais amplo do que aquele que pode emergir de uma pesquisa de opinião. Ao mesmo tempo, é preciso servir-se dos dados empíricos para fugir à tentação de uma teoria da corrupção que teria a pretensão de poder se passar dos contextos históricos para se afirmar como argumentativamente válida.

Para abordar o problema que acabamos de enunciar, é preciso deixar de lado o enfrentamento direto do tema da corrupção e buscar apoio em questões teóricas que lhe são associadas, mas que muitas vezes parecem dissociadas aos olhos da opinião pública. É o caso do problema do interesse comum. Trata-se, como mostrou Juarez Guimarães, de um tema que acompanha a história do pensamento político e que faz parte do repertório conceitual de várias tradições de pensamento. No caso brasileiro, o autor nos alerta: "Em um Estado de natureza patrimonialista, por exemplo, em que não há clara delimitação do que é público e do que é privado, tal conceito de interesse público carece de uma base legitimada de fundamentação."[8] À luz dessa observação, podemos abordar as respostas que foram dadas na entrevista sobre a relação entre os interesses da maioria e o interesse público. Ora, 58% dos entrevistados declararam que há coincidência entre ambas as formas de interesse, enquanto apenas 9% afirmaram que elas são diferentes.

Gráfico 5. Relação entre o interesse da maioria e o interesse público (%)

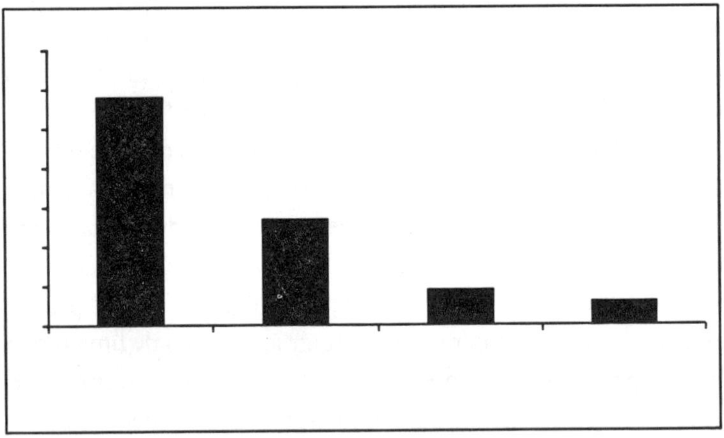

Fonte: Centro de Referência do Interesse Público/Vox Populi, 2008 e 2009.

Se levarmos em conta que é comum, em nosso tempo, associar a democracia à vontade da maioria, poderemos ser levados a pensar que essa resposta nada mais indica do que a confiança dos brasileiros na regra da maioria como denominador comum entre os membros de uma sociedade democrática liberal. Nessa lógica, os valores liberais, reconhecidos pela tradição, garantiriam a base sobre a qual se ergueria uma sociedade que faz da balança entre os interesses seu polo de regulação e de distribuição dos bens sociais. Tal interpretação é abstratamente plausível, mas não corresponde à história política brasileira. Se prestarmos atenção a outra pergunta, veremos que podemos facilmente tomar um falso caminho, que nos conduz a confundir a ordem do "dever ser" com aquela do "ser". Com efeito, se uma parcela importante da opinião pública acredita na coincidência entre o interesse da maioria e o interesse público, 68% afirmam que é responsabilidade do Estado resolver os problemas relativos àquilo que denominamos interesse público.

Gráfico 6. Interesse público e Estado (%)

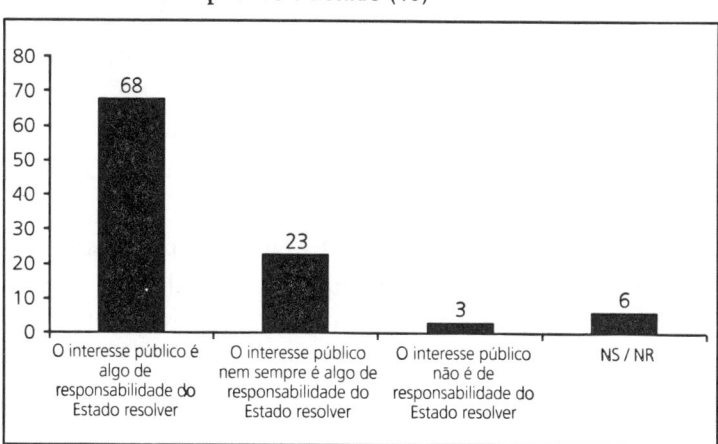

Fonte: Centro de Referência do Interesse Público/Vox Populi, 2008 e 2009.

A confrontação entre as duas respostas nos ensina que para interpretá-las corretamente devemos combinar os elementos que definem uma sociedade industrial atual e os traços remanescentes de um Estado patrimonialista, que marcam de forma decisiva nossa esfera pública, a ponto de considerar indiferenciados os interesses de natureza pública e privada. Devemos recordar que o individualismo crescente das sociedades contemporâneas alimenta a ideia de que apenas a soma das vontades individuais pode ser conhecida. Essa imagem certamente corresponde à maneira como é pensada a vida política de alguns países, mas corremos o risco de obscurecer nossa visão se olharmos para uma realidade cuja ideia de direitos individuais ainda é bastante recente na consciência de seus cidadãos.

Nesse sentido, somos forçados a pensar o problema à luz do papel que o Estado exerce no imaginário da população brasileira, como aquele a quem cabe essencialmente resolver as questões surgidas dos conflitos de interesse. De uma imagem agigantada do Estado surge uma demanda que deixa de lado outros caminhos para a mediação dos conflitos de interesse, como as organizações da sociedade civil. E dessa tensão entre visões divergentes sobre o papel das instituições públicas e suas responsabilidades surge o campo de investigação que melhor descreve, a nosso ver, a situação brasileira.

Diante dessas considerações, gostaríamos de sugerir que uma análise do problema da corrupção no Brasil exige ao mesmo tempo a construção de uma base de dados confiável — que escape à imagem que temos do fenômeno, que baliza muitas análises superficiais comuns na cena pública, nos meios de comunicação ou nos discursos políticos — e de uma abordagem teórica que incorpore as peculiaridades de nossa história. Precisamos reconhecer que os processos sociais estudados não podem ser isolados em sua singularidade, como se a corrupção no Brasil não repetisse padrões observáveis em outros países e que permitem comparações e aproximações bastante úteis quando se trata de combater os efeitos nefastos da corrupção na vida do país. Ao mesmo tempo, não podemos nos contentar com um quadro de referenciais muito gerais, que terminam por mascarar a verdadeira forma de aparecimento da corrupção no Brasil.

Nosso desafio, portanto, é fazer com que os dados falem, apontando a linguagem teórica que melhor explora seu campo semântico. Essa tarefa exige que passemos em revista algumas possibilidades no universo das teorias políticas contemporâneas. Inicialmente, devemos lembrar a advertência que faz Fernando Filgueiras ao estudar "os marcos teóricos da corrupção" na contemporaneidade. De forma direta, ele afirma: "Não há, na tradição do pensamento político ocidental, consenso a respeito do que vem a ser a corrupção. Não se pode, portanto, falar em uma teoria política da corrupção, mas em diferentes abordagens desse problema de acordo com fins normativos especificados em conceitos e categorias."[9] Ora, os dois modelos dominantes de análise da corrupção no século XX colocam no centro a ideia de que a matriz a ser estudada são os interesses. O foco deve ser posto na maneira como eles buscam se expressar e como interferem diretamente no funcionamento das instituições.

Na teoria chamada por Filgueiras de "teoria da modernização", os autores acabam "reduzindo a narrativa da corrupção a uma narrativa das sociedades capitalistas".[10] Segundo o autor: "Para a teoria da modernização, a corrupção está correlacionada aos processos de mudança social, representando momentos de desfuncionalidade das instituições políticas, conforme o peso da tradição nos processos de mudança."[11] Em outra vertente, fortemente ancorada na teoria da escolha racional, "corrupção ocorre na interface dos setores público e privado, de acordo com sistemas de incentivo que permitem aos agentes políticos maximizarem [sua] utilidade mediante suborno e propina".[12]

Ambas as vertentes teóricas podem nos ajudar a compreender alguns aspectos relevantes da corrupção no Brasil. Por um lado, elas apontam o fato de que o fenômeno pode ser observado de forma direta por meio do estudo do funcionamento efetivo das instituições do Estado. Por outro lado, as teorias calcadas na ideia da escolha racional favorecem uma compreensão da corrupção focada na noção de interesse, que evita o risco de tomarmos como diagnóstico de nossa situação a crença corriqueira de que somos potencialmente corruptos — o que, como vimos, não coincide com a opinião pública brasileira.

Em ambos os casos, no entanto, os ganhos de inteligibilidade do processo de corrupção, auferidos com o destaque dado aos aspectos econômicos e funcionais, terminam por esconder a concepção de política implícita em cada uma das abordagens. De maneira geral, o uso acrítico de ambos referenciais teóricos pode nos conduzir a um estudo da corrupção por meio da noção de "falta" — ou seja, no lugar de procurar esclarecer os caminhos complexos pelos quais a corrupção se infiltra na sociedade e nas instituições estatais, procura-se reconhecer o que nos distancia das sociedades consideradas menos corruptas que, desse feito, são automaticamente transformadas em modelos a serem seguidos.

O risco de estudar a questão tendo como referência a distância que nos separa de um modelo muitas vezes estabelecido de forma acrítica é ainda maior no caso da teoria da modernização, pois ela acaba sugerindo que, ao vencer o subdesenvolvimento, estaremos ao mesmo tempo vencendo a corrupção. As instituições seriam, nessa lógica, apenas o signo visível de um processo que contém em si mesmo sua inteligibilidade e que aponta para etapas a serem necessariamente seguidas, para que possamos pensar na superação da corrupção. O problema, a nosso ver, não está em considerar como positivo o desenvolvimento institucional das sociedades capitalistas liberais, mas no fato de que, ao usar esses referenciais como modelos abstratos de sociedades de mercado, não apenas perdemos o ponto de vista que incorpora a história brasileira como referencial essencial para nossos estudos, como transformamos a noção de "falta" no operador conceitual fundamental. No lugar de alargarmos nosso campo de pesquisa, reduzimo-lo a um de seus aspectos, deixando de lado, muitas vezes, as dimensões políticas e morais da corrupção.

No que diz respeito à dimensão política da corrupção, um mergulho na história brasileira mostra que a ideia, comum entre intelectuais e na opinião pública, de que na esfera do Estado ocorrem os grandes casos de corrupção esconde não apenas uma concepção reducionista da esfera estatal, mas, sobretudo, um esquecimento de que a vida política de uma nação existe além de suas instituições estatais. Muitos aspectos importantes da corrupção ficam escondidos quando restringimos sua análise àquilo que ocorre na esfera pública e entre os funcionários do Estado. Ao tomar como referência a ideia de que o "patrimonialismo" é a matriz a partir da qual devemos pensar a história institucional brasileira, corremos o risco de deixar de lado aspectos que vão além dos problemas gerados pela apropriação privada do patrimônio público.

Não se trata de negar que é na investigação dos nexos que unem as esferas pública e privada que devemos buscar os elementos que podem nos ajudar a esclarecer os mecanismos da corrupção brasileira. O que não podemos aceitar é reduzir nossos estudos apenas ao Estado, como se a sociedade e os interesses privados, expressos pelo mercado, fossem, em si próprios, legítimos e infensos à corrupção. Ora, no caso brasileiro é justamente essa permeabilidade entre as duas esferas e a ausência de controle sobre os canais de realização dos interesses privados, o que corrói o tecido político. Para evitarmos os perigos inerentes à essa redução dos campos de análise, devemos colocar a sociedade civil, seus mecanismos de controle e suas dificuldades de efetivação das práticas de combate à corrupção no centro de nossas preocupações. Isso implica reconhecer que não podemos falar do Estado como local por excelência onde ocorre a corrupção sem reconhecer que é de sua relação com as forças sociais, expressas de diferentes maneiras nas instituições de classe, nos partidos e na sociedade em geral, que nascem as condições que tornam mais ou menos possíveis os atos corruptos.

Mantendo como norte a ideia de que no Brasil é a indiferenciação entre as esferas pública e privada um fato facilitador da corrupção, e definidor de sua natureza, acreditamos ser de fundamental importância desvelar os mecanismos que tornam possível a colonização do público pelo privado por meio de um processo de desvelamento da faceta estatal da corrupção e de ocultação dos interesses privados travestidos pela linguagem do mercado. Para realizar essa tarefa, é preciso reconhecer que o fenômeno que investigamos possui uma dimensão moral e política que não pode ser deixada de lado pelos estudiosos.

Voltemos, agora, nosso olhar para a relação entre moralidade e política. Como dissemos antes, uma leitura "moralista" da corrupção pode acabar por obscurecer sua compreensão no lugar de ajudar a entendê-la. Porém, como observa Fernando Filgueiras, a compreensão da dimensão moral da corrupção passa em primeiro lugar pela afirmação de seu caráter político e pelo reconhecimento de sua extensão ao mundo dos valores e dos costumes. De forma sintética, afirma o pesquisador que:

> A corrupção, portanto, não se resume ao aspecto monetário, como tende a ver a abordagem econômica da política e da democracia. Ela custa dinheiro. Isso é inegável. Porém, em uma dimensão fenomênica, ela se expressa como discurso, de forma plástica e flexível, conforme valores e normas pressupostos.[13]

Não temos como explorar toda a riqueza dessas observações e nem como tirar partido, aqui, dos modelos de consensos normativos sugeridos pelo autor. É possível, no entanto, reconhecer que a busca pela elucidação do que podemos chamar de imaginação da corrupção é um caminho importante para descortinar os horizontes linguísticos e de valores dentre os quais a corrupção é contida na cultura política brasileira. No tocante aos valores, cabe observar que, na pesquisa citada anteriormente, quanto mais próximos estivermos do universo familiar e de interesse pessoal, mais ambíguas se tornam as percepções sobre o que é a corrupção.

Tabela 1. Concordância com algumas ideias sobre corrupção (%)

Legenda:
- Concorda totalmente
- Concorda em parte
- Não concorda nem discorda
- Discorda em parte
- Discorda totalmente
- NS / NR

Ideia	Concorda totalmente	Concorda em parte	Não concorda nem discorda	Discorda em parte	Discorda totalmente	NS / NR
Para diminuir a corrupção, estão faltando novas leis, com penas maiores e mais duras	66	17	10	4		1
Se as leis que existem fossem cumpridas e não existisse tanta impunidade, a corrupção diminuiria	65	19	10	3		1
Em qualquer situação, não interessa qual, existe sempre a chance de a pessoa ser honesta	58	21	15	5		1
Se você ficar sabendo de algum esquema de corrupção, deve sempre denunciar às autoridades	46	25	17	4	6	
Corrupção e honestidade vêm de berço: ou a pessoa é corrupta ou não é	33	17	22	10	16	2
Não tem jeito de fazer política sem um pouco de corrupção	16	12	18		32	
Qualquer um pode ser corrompido, dependendo do preço que for pago ou da pressão que for feita	16	13	24	17	27	2
O conceito de honestidade é relativo, depende da situação	15	17	26	14	24	4
Em algumas situações, é bobagem a pessoa não entrar em um esquema de corrupção, pois, se ela não entrar, outro entrará	15	12	20	18	34	2
Algumas coisas podem ser um pouco erradas, mas não corruptas; por exemplo, sonegar algum imposto quando ele é alto demais	13	16	26	18	25	3
Se estiver necessitada e um político oferecer benefícios em troca do voto, não é errado a pessoa aceitar	11	11	23	19	35	2
Dar dinheiro a um guarda para escapar de uma multa não chega a ser um ato corrupto	11	12	18	16	41	1
Se for para ajudar alguém muito pobre, muito necessitado, não faz mal um pouco de corrupção	10	11	25	19	33	2
Se for para proteger alguém da família, é certo fazer alguma coisa um pouco corrupta	9		25	20	32	3

Fonte: Centro de Referência do Interesse Público/Vox Populi, 2008 e 2009.

Assim, embora 15% da população concorde que é válido sonegar impostos, parcela bastante razoável não aceita a sonegação e grande parte tem uma posição ambígua quanto a isso. Da mesma forma, embora 9% da população concorde que é válido um ato de corrupção para proteger algum membro da família, parcela significativa tem uma posição indiferente quanto a isso.

Esses dados devem ser confrontados com as informações iniciais que sugeriam uma consciência nacional quase unânime quanto à gravidade da corrupção. Eles mostram que o referencial estatal da corrupção esconde uma ambiguidade de comportamentos e uma falta de clareza quanto a seus mecanismos de realização que não podem ser abandonados quando se quer analisar a questão que nos interessa no Brasil.

Para estudar outro aspecto desse universo de valores, que compõe o quadro analítico da corrupção, presente em perguntas como as mencionadas as anteriormente, é possível também prestar atenção ao que chamamos de imaginação da corrupção. Esse tem sido o traço distintivo das pesquisas de Heloisa Starling e de outros pesquisadores.

Nesse caso, o objeto a ser pesquisado são obras da cultura brasileira, sejam elas literárias, teatrais, do cancioneiro popular ou outras. Não se trata de buscar exemplos que possam corroborar teses teóricas, mas compreender a formação de um universo de significações no qual pensamos a corrupção e a integramos em nossa visão de mundo. Da mesma forma como não se falava em corrupção, como fazemos hoje, quando se tratava de implicar o imperador, a investigação da imaginação brasileira ao mesmo tempo guarda a memória de nosso imaginário político e fornece os códigos para o desvelamento de questões que, de outra maneira, ficariam submersas no conjunto de banalidades que costumam recobrir a percepção espontânea do grau de corrupção dos poderes no Brasil.

Ora, quando falamos em corrupção do ponto de vista da moralidade é possível abordá-la como um fenômeno social que concerne não apenas aos atores políticos mais visíveis, mas à própria esfera dos costumes e dos conflitos sociais. Trata-se de um tema difícil e que, no entanto, faz parte da literatura sobre o problema há muito tempo. Maquiavel foi, talvez, um dos autores modernos mais preocupados com essa dimensão da questão. Ele a aborda alertando-nos que devemos estar atentos ao fato de que a corrupção dos governantes pode ser seguida àquela da população, o que, a seus olhos, torna-a praticamente irreversível. Nos *Discursos sobre a primeira década de Tito Lívio* ele coloca o problema nos seguintes termos:

> Pressuporei que a cidade se encontra em seu estágio máximo de corrupção para abordá-la lá, onde as dificuldades são maiores porque não existem nem leis nem constituição capazes de frear uma corrupção universal. Porque, assim como para se manter os bons costumes são necessárias as leis, da mesma forma, para que as leis sejam observadas são necessários os bons costumes.[14]

Uma interpretação mais detalhada dessa passagem exigiria uma explicação sobre o contexto histórico de Maquiavel e de seus pressupostos teóricos. Dentre eles, deveríamos lembrar que nesse livro o autor se serve da corrupção para estudar os diversos regimes do ponto de vista da capacidade de suas leis para criar uma forma livre de governo. Nessa lógica, regimes como as tiranias e seus assemelhados estão mais sujeitos à corrupção do que aqueles, como as repúblicas, que possuem um quadro legal definido e que, por isso, podem criar mecanismos de controle da corrupção.

O importante em sua abordagem, no entanto, não está na afirmação da superioridade dos regimes livres sobre qualquer outra forma de governo nem na associação da corrupção às tiranias. Em certo sentido, essas são teses que se incorporaram ao pensamento político moderno e com as quais estamos familiarizados. O fundamental em seu pensamento é a ideia de que a corrupção corrói as bases mesmas da vida política a tal ponto que pode destruir, de forma irreversível, seus fundamentos. Quando isso ocorre, estamos diante de um quadro de desolação no qual também os costumes estão degradados e não podem mais servir de anteparo para os atos ilícitos praticados pelos governantes.

É muito difícil, e talvez impossível, quantificar esse estado de coisas. Mas, ao apontar para a existência de uma corrupção universal, que atinge todas as esferas da vida em comum, Maquiavel nos alerta para o fato de que não é possível pensar esse fenômeno apenas como um mau funcionamento da esfera pública e de seus mecanismos de controle. Da mesma forma, não podemos nos contentar em apontar para os danos econômicos da corrupção, embora eles sejam bastante reais. O pensador florentino nos ajuda a compreender que a corrupção aponta para a possibilidade de morte do político, o que, na linguagem de nosso tempo, significa simplesmente a falência do estado de direito.

Dessas observações, pode-se retirar duas conclusões, que apontam para campos importantes da investigação sobre o fenômeno que nos interessa. Numa primeira direção, podemos mostrar que a corrupção do Estado pode resultar na corrupção de sua Constituição, o que é uma ameaça a todos os países incapazes de conter os desgastes resultantes da constante mistura entre os interesses públicos e privados. Nessa lógica, esclarece-se a dificuldade que encontramos ao longo da história brasileira para estabilizar a experiência democrática e republicana a partir da consolidação de um conjunto de procedimentos e de leis que assegurem ao Estado sua real independência em relação às forças particulares que existem em seu interior.

À luz da experiência brasileira, podemos dizer que uma abordagem puramente econômica ou funcional da corrupção relega a segundo plano uma dimensão do fenômeno que contém um risco muito maior à democracia do que aquele resultante dos prejuízos causados pelo desvio do dinheiro público. É a própria existência de um regime livre que se encontra ameaçada em seus valores e direitos. Ora, no contexto contemporâneo é bom lembrar que não se trata aqui de um artifício retórico para demonstrar a importância da questão, mas do fato de que as experiências autoritárias e totalitárias são o horizonte possível para a degradação da vida democrática e republicana.

Um segundo ponto importante está na observação da relação íntima entre a esfera da política e aquela da moralidade ou dos costumes, na linguagem de Maquiavel. Como ele nos lembra, os costumes são o apoio necessário às leis. Sem a imbricação dos dois, o corpo político se torna uma presa fácil para os atores dispostos a sacrificar sua Constituição em proveito de seus interesses. Tal ideia nos conduz a pensar que a compreensão correta dos complexos mecanismos da corrupção em nosso país deve nos levar a investigar seus aparecimentos, suas linguagens e suas formas por meio de instrumentos analíticos muito mais variados que aqueles sugeridos por algumas teorias ou implícitos nos índices que pretendem apreendê-los em sua inteireza. Com isso, não pretendemos dizer que a mudança eventual da classificação brasileira nos rankings internacionais indique um arrefecimento do problema em nosso país. Ao contrário, a redução a indicadores simples esconde a gravidade do problema e a extensão dos riscos que corremos com sua manutenção nos horizontes de nossa vida pública.

Como conclusão, pode-se dizer que se a opinião pública não serve como instrumento de esclarecimento dos desvãos dos processos, cuja complexidade parece escapar até mesmo aos analistas mais treinados, seu estudo aponta para uma compreensão da corrupção que ajuda a pensar o problema a partir de um ponto de vista mais amplo que aquele sugerido por várias matrizes conceituais das quais nos servimos habitualmente. Não se trata, é claro, de confundir os atos de corrupção com a percepção que têm deles os cidadãos. Trata-se de reconhecer que, por meio da investigação da percepção que tem a opinião pública sobre a questão, resgatamos uma visão da política ausente em muitos autores, que preferem focar suas análises no elemento jurídico *stricto sensu*, na ordenação institucional ou mesmo nos conflitos entre as diversas forças econômicas presentes no cenário nacional.

No lugar de prestar atenção ao sentimento de desamparo frente à corrupção, que domina boa parcela da opinião pública, esses autores procuram encontrar um conjunto de referências que escape da imprecisão que parece brotar de uma pesquisa voltada à apreensão da percepção da corrupção em nosso país. Ora, essa maneira de abordar o tema esconde muitos de seus pressupostos teóricos, em particular aqueles referentes à ideia do que deve ser um país democrático. Dizendo de outra maneira, algumas análises colocam à sombra sua concepção da política para valorizar apenas as ameaças que pairam sobre um país que não realiza o modelo de uma sociedade governada somente pelas leis de mercado. Ao contrário, parece-nos que a explicitação da democracia que desejamos para nosso país passa pela exposição sobre como a corrupção deve ser tratada e pelo reconhecimento de que ela ameaça a existência mesma do estado de direito e das liberdades que o acompanham.

Referências bibliográficas

FILGUEIRAS, Fernando. "Marcos teóricos da corrupção". In: AVRITZER, L.; BIGNOTTO, N.; GUIMARÃES, H.; STARLING. H. *Corrupção: ensaios e críticas*. Belo Horizonte: UFMG, 2008, p. 353.

FILGUEIRAS, Fernando. *Corrupção, democracia e legitimidade*. Belo Horizonte: Editora UFMG, 2008, p. 87.

DOMINGUES, José Maurício. "Patrimonialismo e neopatrimonialismo". In: AVRITZER, L.; BIGNOTTO, N.; GUIMARÃES, H.; STARLING. H. *Corrupção: ensaios e críticas*. Belo Horizonte: UFMG, 2008, p. 189.

CARVALHO, José Murilo de. "Passado, presente e futuro da corrupção brasileira". In: AVRITZER, L.; BIGNOTTO, N.; GUIMARÃES, H.; STARLING. H. *Corrupção: ensaios e críticas*. Belo Horizonte: UFMG, 2008, p. 238.

GUIMARÃES, Juarez. "Interesse público". In: AVRITZER, L.; BIGNOTTO, N.; GUIMARÃES, H.; STARLING. H. *Corrupção: ensaios e críticas*. Belo Horizonte: UFMG, 2008, p. 177.

SCHWARCZ, Lilia. "Corrupção no Brasil Império". In: AVRITZER, L.; BIGNOTTO, N.; GUIMARÃES, H.; STARLING. H. *Corrupção: ensaios e críticas*. Belo Horizonte: UFMG, 2008, p. 235.

MACHIAVELLI, Niccolò. "Discorsi sopra la prima deca di Tito Livio". In: *Opere*. Turim: Einaudi–Gallimard, 1997, p. 245, vol I.

LONGERICH, Peter. *Nous ne savions pas "Les Allemands et la Solution finale", 1933-1945*. Paris: Éditions Héloïse d'Ormesson, 2008, p. 31.

FAORO, Raymundo. *Os donos do poder*. São Paulo: Editora Globo, 2001, p. 819.

Notas

1. A pesquisa foi realizada em conjunto com o Vox Populi e aplicada em todo o território nacional em maio de 2009. Ela somente foi possível em virtude do apoio da Fundação Konrad Adenauer.

2. Lilia Schwarcz, "Corrupção no Brasil Império", in: *Corrupção: ensaios e críticas*, p. 235.

3. José Murilo de Carvalho, "Passado, presente e futuro da corrupção brasileira", in: *Corrupção: ensaios e críticas*, p. 238.

4. Peter Longerich, *Nous ne savions pas "Les allemands et la solution finale"*, p. 31

5. *Ibidem*, p. 37.

6. Raymundo Faoro, *Os donos do poder*, p. 819.

7. José Maurício Domingues, "Patrimonialismo e neopatrimonialismo", in: *Corrupção: ensaios e críticas*, p. 189.

8. Juarez Guimarães, "Interesse público", in: *Corrupção: ensaios e críticas*, p. 177.

9. Fernando Filgueiras, "Marcos teóricos da corrupção", in: *Corrupção: ensaios e críticas*, p. 353.

10. *Ibidem*, p. 356.

11. *Ibidem*, p. 355.

12. *Ibidem*, p. 357.

13. Fernando Filgueiras, *Corrupção, democracia e legitimidade*, p. 87.

14. Machiavelli, "Discorsi sopra la prima deca di Tito Livio", in: *Opere*, p. 245.

Governabilidade, sistema político e corrupção no Brasil

Leonardo Avritzer

A democratização brasileira trouxe um conjunto de novidades para a operação do sistema político no país. Foram ampliados os direitos, em especial aqueles relacionados à participação política, tanto no que se refere à composição do eleitorado, ampliado com a participação dos analfabetos, quanto no que diz respeito às formas de participação dos cidadãos na democracia.[1] Também foram recuperadas as prerrogativas do Judiciário no interior da estrutura do Estado brasileiro e, por fim, foram ampliados os papéis e as diferentes formas de relação entre sociedade civil e governo. Novas formas híbridas de participação na política e de controle público das ações do governo, especialmente através de ações no Judiciário e no Ministério Público, passaram a fazer parte do dia a dia da democracia brasileira.[2]

Tais formas apontam para um novo momento da democracia brasileira no qual a qualidade das práticas políticas melhorou. Se tomarmos como parâmetro o número de participantes nas eleições, o funcionamento das estruturas de divisão de poderes e a influência e o controle da sociedade civil sobre o sistema político, temos muitos motivos para elogiar a Constituição brasileira de 1988. No entanto, ao mesmo tempo em que é possível perceber uma melhoria significativa no funcionamento da democracia brasileira, um fenômeno de magnitude gravíssima se coloca como desafio: a corrupção. Um amplo conjunto de escândalos políticos marca a democracia brasileira desde o começo dos anos 1990. O impeachment do ex-presidente Collor, a Comissão Parlamentar de Inquérito sobre o Orçamento, as denúncias de venda de votos no Congresso durante as negociações para a instituição da possibilidade de reeleição e o conhecido "mensalão" estão entre os principais escândalos da política brasileira desde a redemocratização. Todos esses casos aumentaram a percepção acerca da gravidade da corrupção no Brasil. Entre os brasileiros, 73% consideram a corrupção no país um fenômeno muito grave. Qual seria a origem desse fenômeno e o que fazer para diminuir a incidência da corrupção?

O sistema político brasileiro, no que diz respeito à sua organização eleitoral, passou por poucas mudanças durante o processo de elaboração da Constituição de 1988. O governo autoritário instituído em 1964, em vez de suspender o funcionamento das instituições políticas, reformou-as, estabelecendo fortes distorções no sistema político brasileiro, entre as quais vale a pena mencionar: a mudança na proporcionalidade das representações estaduais, o aumento do número de membros no Congresso e a forte implantação de critérios políticos na divisão de recursos do orçamento da União.[3] Todos esses elementos levaram a uma lógica de financiamento do sistema político por meio de recursos públicos, que não foi desfeita durante a elaboração da Constituição de 1988.

Ao mesmo tempo, o sistema proporcional implantado no Brasil criou o chamado "presidencialismo de coalizão", um fenômeno que pode ser descrito da seguinte forma: o presidente do Brasil se elege com uma quantidade muito maior de votos que seu partido recebe nas eleições para o Congresso, criando a necessidade de alianças políticas.[4] Por sua vez, as negociações para a conquista da maioria no Congresso têm como moeda de troca os recursos públicos alocados no orçamento da União ou a distribuição de cargos entre os ministérios. Limongi[5] mostra que a porcentagem de ministérios controlados por um partido político durante o governo Fernando Henrique Cardoso era exatamente igual à porcentagem de votos desse partido nas eleições para o Congresso. O resultado foi um conjunto de negociações no interior do Congresso que, como é amplamente sabido, favorece casos de corrupção e o popular "caixa dois".

Todos esses fenômenos têm levado a uma forte queda de confiança na legitimidade do Legislativo em relação à opinião pública, tal como mostram os dados do nosso *survey*[6] sobre a corrupção, em que os legislativos locais e nacionais aparecem como os mais corruptos.

O objetivo deste artigo é analisar o fenômeno da corrupção sob o ponto de vista das estruturas criadas pela democracia no Brasil. Em uma primeira parte, faremos uma crítica às abordagens do sistema político através da cultura, e, em segundo lugar, faremos um balanço do funcionamento do sistema político brasileiro, apontando dados que mostram a incidência da corrupção nos diferentes níveis de governo. Analisaremos também a diferença entre a confiança no sistema político e nas organizações da sociedade civil. Em uma segunda parte, iremos analisar como as diferentes instituições de Estado lidam com a corrupção e como a opinião pública percebe esse fenômeno. Por fim, faremos um balanço acerca das possibilidades de reformar o sistema político com o objetivo de aumentar sua legitimidade e reduzir a corrupção.

CULTURA E COMBATE À CORRUPÇÃO

Alguns autores analisam a incidência da corrupção no sistema político brasileiro como um fenômeno natural; isto é, a corrupção é apresentada como uma consequência natural da sociabilidade brasileira.[7] Para esses autores, fatores ligados à herança ibérica e às práticas portuguesas no período colonial[8] criaram um padrão de relação entre o público e o privado que marcou a política no Brasil, estabelecendo uma linha unívoca de desenvolvimento político que torna a corrupção inevitável.

Tal análise nos parece duplamente equivocada, tanto no que diz respeito à percepção dessa cultura quanto ao entendimento da política. No que diz respeito à interpretação da cultura política vigente no pais, há uma simplificação da própria disputa pela articulação da cultura. Em vez de apontar para a disputa entre diferentes concepções de política, algumas permeadas pela tolerância em relação à corrupção e outras fortemente críticas do mesmo fenômeno, a análise da naturalidade da corrupção pretende transformar uma disputa política em um aspecto natural da cultura brasileira. No que diz respeito a uma real concepção da política, essa abordagem ignora o esforço de aprimoramento institucional introduzido desde o início dos anos 1990 — através da lei orgânica dos Tribunais de Conta, da criação da Controladoria-Geral da União e de fortes mudanças na estrutura da Polícia Federal — e ignora o efeito de novos organismos de controle e de seu impacto sobre a corrupção.

Uma vez que a incidência da corrupção aumenta ou diminui a partir de uma inter-relação entre política e cultura, continuidades em certo padrão cultural afetam o sistema político, assim como mudanças na organização política afetam o sistema de crenças de valores.[9] Nessa inter-relação vale a pena prestar um pouco mais de atenção aos chamados instrumentos de controle, Tribunais de Contas e Controladorias. Houve, no caso do Brasil, uma forte ampliação da atuação desses órgãos de controle, em especial a partir de 1993, com a nova Lei Orgânica do Tribunal de Contas da União, e a partir de 2003, com importantes mudanças na Controladoria-Geral da União durante o governo do presidente Lula.

Os *surveys* aplicados pelo Centro de Referência do Interesse Público em 2008 e 2009 expressam bem essa dimensão. Em uma bateria de questões aplicadas, que tratam da relação entre corrupção e hábitos políticos, cujos resultados são mostrados a seguir, podemos ver como as respostas a algumas perguntas bastante contenciosas se organizam.

Ao perguntar aos entrevistados qual é a opinião deles sobre a incidência da corrupção, recebeu-se a seguinte resposta: "Sempre existe a chance de a pessoa ser honesta." Para a afirmação de que não se pode fazer política sem um pouco de corrupção, houve forte discordância dos respondentes (pois apenas 16% concordaram totalmente com a sentença). Assim, nota-se uma manifestação clara da opinião pública contra certo tipo de naturalização cultural da corrupção.

É verdade que ainda podemos identificar certa incoerência dos respondentes no que diz respeito às relações entre corrupção e cultura. Quanto mais a pergunta consiste em um posicionamento moral exterior em relação à corrupção, maior é a rejeição em relação à prática. Assim, os indivíduos entrevistados rejeitam fortemente a ideia de que a honestidade é relativa ou de que é impossível fazer política sem corrupção. Mesmo quando passamos desse tipo de posicionamento mais geral a outro, que envolve práticas que são, ou pelo menos já foram,

Gráfico 1. Concordância em relação a algumas ideias sobre corrupção

▨ Concorda totalmente ▨ Concorda em parte ▪ Não concorda nem discorda
▢ Discorda em parte ▨ Discorda totalmente ▢ NS / NR

	%				
Para diminuir a corrupção, estão faltando novas leis, com penas maiores e mais duras	66		17	10	4 1
Se as leis que existem fossem cumpridas e não existisse tanta impunidade, a corrupção diminuiria	65		19	10	3 1
Em qualquer situação, não interessa qual, existe sempre a chance de a pessoa ser honesta	58	21		15	3 1
Se você ficar sabendo de algum esquema de corrupção, deve sempre denunciar às autoridades	46	25	17	4	6
Corrupção e honestidade vêm de berço: ou a pessoa é corrupta ou não é	33	17	22	10	16 2
Não tem jeito de fazer política sem um pouco de corrupção	16	17	18	32	3
Qualquer um pode ser corrompido, dependendo do preço que for pago ou da pressão que for feita	16	13	24	17	27 2
O conceito de honestidade é relativo, depende da situação	15	17	26	14	24 4
Em algumas situações, é bobagem a pessoa não entrar em um esquema de corrupção, pois, se ela não entrar, outro entrará	15	12	20	18	34 2
Algumas coisas podem ser um pouco erradas, mas não corruptas; por exemplo, sonegar algum imposto quando ele é alto demais	13	16	26	18	25 3
Se estiver necessitada e um político oferecer benefícios em troca do voto, não é errado a pessoa aceitar	11	11	23	19	35 2
Dar dinheiro a um guarda para escapar de uma multa não chega a ser um ato corrupto	11	12	18	16	41 1
Se for para ajudar alguém muito pobre, muito necessitado, não faz mal um pouco de corrupção	10	11	25	19	33 2
Se for para proteger alguém da família, é certo fazer alguma coisa um pouco corrupta	9		25	20	32 3

Fonte: Centro de Referência do Interesse Público/Vox Populi, 2008 e 2009.

comuns na sociedade, ainda encontramos um posicionamento bastante coerente. Por exemplo, nas perguntas que envolvem a incidência da corrupção entre pessoas mais pobres ou familiares também existe um forte posicionamento contra a corrupção.

Nesse sentido, pode-se afirmar que há, talvez pela primeira vez na história recente do Brasil, certa superposição entre as ações do Estado de combate à corrupção e os elementos selecionados na cultura, ou seja, aqueles que conduzem a uma reavaliação do papel da corrupção no sistema de valores culturais. Neste caso, não se trata do elogio à esperteza nem de considerar a corrupção funcional no velho sentido do "rouba, mas faz". Trata-se, pelo contrário, de perceber uma alteração, ainda que incipiente, do sistema de valores vigente no país: essa superposição fortemente desejável e que conduz a um problema que deverá ser tratado pelo sistema político. Existe, também, uma tolerância muito menor a práticas corruptas e uma valorização das instituições a partir desse padrão.

SISTEMA POLÍTICO E CORRUPÇÃO: UM BREVE BALANÇO

Análises clássicas do sistema político brasileiro apontam sua fragmentação, desorganização, infidelidade partidária e indisciplina como fenômenos recorrentes.[10] O sistema político vigente até 1964 tinha uma fraca consolidação partidária se comparado ao de outros países da América Latina, como Argentina, Chile e Uruguai.[11] Os dois principais partidos no Brasil pré-1964 tiveram ao longo deste período uma frágil hegemonia sobre o sistema partidário como um todo.[12] Esses fenômenos relacionados ao sistema político nacional, citados anteriormente, teriam se acentuado após a implantação do autoritarismo[13] da ditadura militar. Ao mesmo tempo, o reforço de uma lógica clientelista no interior do sistema político teria acentuado características da competição política que não teriam sido mudadas pela Constituição de 1988.[14]

As opiniões dos analistas sobre as consequências desse fenômeno na democracia brasileira são divergentes. Para alguns, como Barry Ames,[15] "... os últimos 15 anos da política brasileira, somados à experiência pluralista do período 1946-1964, mostram que as instituições políticas do país criam uma crise de governabilidade de efeitos devastadores em épocas normais, capaz de debilitar até mesmo presidentes...". Os pontos principais deste diagnóstico são a fraqueza do presidente em suas relações com o Congresso Nacional e a vulnerabilidade do próprio Congresso. No entanto, esse diagnóstico não é corroborado pela ciência política brasileira como um todo, particularmente no que diz respeito à capacidade de governar.

Limongi e Figueiredo afirmam, a esse respeito, que o importante na análise dos governos é a taxa de aprovação de propostas no Legislativo.[16] Neste caso, o sistema político brasileiro pós-Constituição de 1988 pode ser considerado exitoso. A taxa de sucesso na aprovação de legislação de iniciativa do Executivo no Brasil neste período foi de 70,7%, número comparável aos dos países parlamentaristas e radicalmente diferente daquele existente no Brasil antes de 1964.[17] Assim, teríamos, de outro lado, a posição de que o sistema político criado no Brasil pela Constituição de 1988 é radicalmente diferente daquele existente antes de 1964, medido pela taxa de aprovação das propostas do governo pelo Poder Legislativo.

Aqui, será defendida uma ideia intermediária, de que o Executivo brasileiro possui capacidade de governar, mas a adquire pagando por isso um alto preço, comprometendo sua capacidade administrativa e a reputação do Congresso. O funcionamento do sistema político brasileiro adquiriu o seguinte formato após 1988: as eleições são fortemente fragmentadas, com o partido do presidente conseguindo em torno de 20% da representação no Congresso.

No caso do ex-presidente Fernando Henrique Cardoso (1994-1998), a distribuição da representação no Congresso foi de 12,1% para o PSDB (Partido da Social Democracia Brasileira), 20,9% para o PMDB (Partido do Movimento Democrático Brasileiro), e 17,3% para o PFL (Partido da Frente Liberal). No caso do governo Lula, a distribuição foi de 16,2% para o PT

(Partido dos Trabalhadores), 14,4% para o PMDB, e 13,85% para o PSB (Partido Socialista Brasileiro). Não existem dúvidas de que ambos os governos conseguiram formar amplas maiorias no Congresso para aprovar suas propostas de lei. Tanto o governo FHC quanto o governo Lula tiveram a capacidade de aprovar mais de 80% das suas propostas no Congresso Nacional, um índice semelhante ao da Inglaterra, um país parlamentarista de maiorias quase automáticas.[18]

No entanto, o dado que queremos ressaltar aqui é que essas alianças — que, como supõem os autores, garantem a governabilidade — afetam o desempenho e a legitimidade do Legislativo, devido ao método como a governabilidade foi alcançada no Brasil pós-1988. Esse é um dos principais fenômenos reconhecidos pela opinião pública no *survey* aplicado pelo Centro de Referência do Interesse Público. Analisaremos o gráfico seguinte com um ranking de instituições políticas e propensão a corrupção para entender melhor o impacto da forma de conquista da governabilidade na maneira como a opinião pública vê a presença da corrupção:

A pergunta feita no *survey* foi: "Como você avalia a presença da corrupção em alguns ambientes?". As respostas, apontadas em duas séries anuais, nos permitem fazer duas observações sobre o sistema político brasileiro.

A primeira observação é que a opinião pública entende a corrupção como um fenômeno concentrado fundamentalmente no campo do Estado, em especial se analisada a sua gravidade. Assim, entre as 11 instituições ou categorias de pessoas que aparecem como as mais corruptas, nove são estatais, englobando os poderes Legislativo, Executivo e Judiciário. Entre as 14 instituições mencionadas pelos respondentes, todas aquelas consideradas menos corruptas são não estatais ou privadas. O mesmo resultado é verdadeiro se considerarmos as médias que expres-

Gráfico 2. A presença da corrupção em ambientes políticos no Brasil

%	Mai/2008 (Base: 2.421)	Jul/2009 (Base: 2.400)
Câmara dos Deputados	8,34	8,54
Senado Federal	8,02	8,43
Câmara dos Vereadores	8,36	8,34
Prefeitura	8,07	8,14
As pessoas mais ricas	8,02	7,88
Governo do Estado	7,56	7,72
Polícia Militar	7,42	7,66
Polícia Civil	7,37	7,58
O Poder Judiciário	7,36	7,54
Os empresários	7,53	7,48
Polícia Federal	6,64	6,99
Presidência da República	7,43	6,89
A classe média	6,59	6,57
Clubes de futebol	7,15	6,39
Os homens	6,88	6,32
O povo brasileiro em geral	6,67	6,22
A mídia (jornais, revistas, TVs)	6,33	6,09
Movimentos sociais	6,32	5,73
Igrejas Evangélicas	6,67	5,46
Associação de bairro	5,65	5,34
ONGs	5,84	5,17
As pessoas mais jovens	5,42	4,74
Igreja Católica	5,57	4,60
As mulheres	5,15	4,26
As pessoas mais velhas	4,85	4,06
As pessoas mais pobres	4,80	3,74
Média das médias	6,80	6,47

Fonte: Centro de Referência do Interesse Público /Vox Populi, 2008 e 2009.

sam o grau de corrupção. A média das instituições estatais está acima de sete e a média das instituições relacionadas ao Legislativo, acima de oito pontos. Ao mesmo tempo, a média que expressa a presença da corrupção nas instituições privadas ou na sociedade civil está em torno ou abaixo de seis pontos. Assim, ainda que seja verdade que a corrupção não constitui um fenômeno exclusivamente estatal,[19] há, na percepção da opinião pública, uma forte concentração nessa dimensão.

A segunda observação consiste no fato de que a opinião pública supõe que a corrupção se concentra em diferentes dimensões do Estado brasileiro, e é capaz de diferenciar essas instituições. Quando observamos o elenco de lugares nos quais em um ranking entre 1 a 10, a opinião pública percebe a presença da corrupção, vê-se que todas as instituições do Estado recebem notas acima de 7,43 em 2008, e de 6,89 em 2009. Assim, a percepção da opinião pública é a da concentração da corrupção no interior do Estado brasileiro e de suas instituições. Quando separamos a presença da corrupção nas instituições estatais de acordo com diferentes poderes do Estado brasileiro, a presença dominante da corrupção no Legislativo vem à tona. Assim, em 2008 foi estabelecida uma ordem de instituições com maior incidência da corrupção que era a seguinte: câmaras municipais, Câmara dos Deputados, prefeituras, Senado, governos estaduais e Judiciário. Em 2009, a lista pouco se alterou, sendo: Câmara dos Deputados, Senado, câmaras municipais, prefeituras e governos dos estados. Nesta lista, a única instituição pertencente ao poder executivo é o poder executivo local. As médias entre 1 e 10 subiram ligeiramente no período.

Vale a pena mencionar alguns elementos importantes contidos nestes dados: o primeiro deles é que a opinião pública identifica o Estado — e no interior do Estado, o Legislativo — concentrando a corrupção entre as instituições estatais. Assim, não só as três instituições mais corruptas pertencem ao Legislativo, como também a percepção é de que a incidência da corrupção está aumentando.

Vale a pena, ainda, identificar um pouco melhor a concepção de corrupção para a opinião pública brasileira. No *survey* foram feitas três perguntas distintas sobre a corrupção: se ela consiste em um fenômeno exclusivamente estatal; se ela constitui um fenômeno que afeta o Estado, mas pode ser praticado por qualquer pessoa; ou se ela é um fenômeno simultaneamente estatal e privado. As respostas demonstram uma visão exclusivamente estatal do fenômeno para 45% dos respondentes, em 2008, e para 38%, em 2009. No entanto, foi considerável o aumento da quantidade de pessoas que uniram as dimensões pública e privada da corrupção em 2009.

Gráfico 3. Corrupção e Estado no Brasil (%)

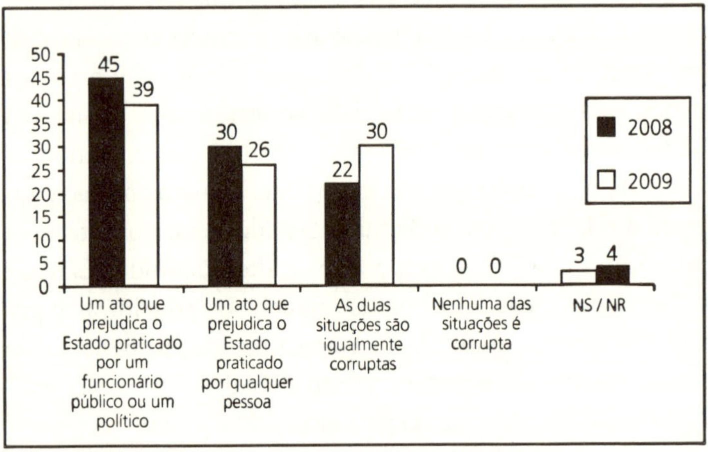

Fonte: Centro de Referência do Interesse Público/Vox Populi, 2008 e 2009.

Voltaremos a esse fenômeno mais à frente. Antes, porém, iremos tratar de uma segunda questão: a ação do Estado brasileiro e das instituições de controle no combate à corrupção.

INSTITUIÇÕES DE CONTROLE E COMBATE À CORRUPÇÃO

Há uma clara diferenciação na maneira como a opinião pública brasileira entende o papel das diferentes instituições do Estado no processo de combate à corrupção. No Gráfico 4, adiante perguntamos aos entrevistados sua opinião sobre o papel desempenhado por quatro instituições no combate à corrupção: a Polícia Federal, o Congresso, o Judiciário e a Controladoria-Geral da União. Estas instituições pertencem a diferentes ramos dos três poderes. A Polícia Federal tem uma relação inequívoca com o Executivo, mas seu papel mais público no combate à corrupção permite diferenciá-la desse, o que se fez nas pesquisas desde 2008. O momento investigativo do Congresso é representado pelas CPIs, enquanto o Judiciário representa o elemento punitivo ou não das diferentes ações do governo contra a corrupção. Assim, nosso objetivo com a pergunta foi diferenciar as ações da corrupção levadas a cabo pelos três poderes da República. Podemos ver que, quando perguntamos sobre o conhecimento das pessoas acerca das ações desses órgãos no combate à corrupção, os índices são elevados, com exceção daqueles atribuídos à Controladoria-Geral da União. Entre as duas instituições cujas ações os indivíduos têm o maior índice de conhecimento figuram a Polícia Federal e o Congresso.

Gráfico 4. Conhecimento sobre as ações de combate à corrupção

▪ Ficou sabendo	▪ Ajudam a combater a corrupção	▪ Têm agido somente dentro da lei
▩ Não ficou sabendo	▩ Não ajudam a combater a corrupção	▩ Às vezes agem fora da lei
▨ NS	▨ NS/NR	▨ NS/NR

%	Nível de conhecimento		Efetividade		BASE	Cobertura legal		BASE
Operações que a Polícia Federal tem realizado para combater esquemas de corrupção no Brasil	70	28 3	84	13 3	1674	35 51	14	240
Ações do Congresso Nacional para combater esquemas de corrupção no Brasil	61	34 5	69	28 4	1474	28 57	15	240
Ações do Judiciário para combater esquemas de corrupção no Brasil	46	48 6	76	19 5	1111			
Ações da Controladoria-Geral da União para combater esquemas de corrupção no Brasil	34	57 9	77	19 4	820			
BASE		2400	Base: Entrevistados que ficaram sabendo ou viram notícias sobre as operações/ações.					

Fonte: Centro de Referência do Interesse Público/Vox Populi, 2008 e 2009.

Tal fato parece coerente, dada a visibilidade midiática das CPIs e das operações da Polícia Federal, e é importante na crítica à tese da naturalidade da corrupção no Brasil. Não apenas a corrupção não é natural como sua incidência é combatida por um conjunto de instituições que detêm o reconhecimento da opinião pública por suas ações. Neste sentido, tanto as CPIs quanto as ações da Polícia Federal têm adquirido forte visibilidade e aprovação da opinião pública, dado esse já aferido no nosso *survey* anterior realizado em 2008.

Todavia, o dado que chama a atenção é como a opinião pública avalia a efetividade da ação dos diferentes atores. No que diz respeito às ações da Polícia Federal, 84% julgam que são efetivas, em comparação a 78%, no caso do Judiciário. Mas, no que diz respeito às ações do Congresso, apenas 69% julgam que são efetivas. O que explicaria esse hiato entre conhecer/não conhecer e não acreditar nas ações do Congresso?

A nosso ver, essa questão está localizada na mesma chave discutida anteriormente, qual seja a baixa legitimidade atribuída às ações do sistema político. Assim, ações do Congresso Nacional contra a corrupção têm maior visibilidade do que ações semelhantes realizadas pelo Judiciário. Esse dado mostra que a opinião pública detém informações sobre o Congresso e suas atividades. Ao mesmo tempo, o dado mostra também que informações detidas pela população não são suficientes para mudar sua opinião sobre o desempenho das instituições políticas. Quando passamos do quesito conhecer ações sobre a corrupção para a efetividade destas, o que parece estar em questão é como a opinião pública vê o Congresso e suas ações. E aí o julgamento é rigoroso dada a história de corrupção no interior do Congresso. O problema que se coloca é como mudar essa percepção.

CORRUPÇÃO E REFORMA POLÍTICA NO BRASIL

As considerações anteriores acerca da maneira como a opinião pública vê o desempenho dos três poderes coloca questões importantes para a realização de uma reforma política no país. O Brasil realizou a sua transição para a democracia sem alterar regras básicas de seu sistema político. A organização partidária, o sistema eleitoral, o financiamento dos partidos e a relação entre Executivo e Legislativo permaneceram fortemente inalterados desde 1985, ao passo que outras estruturas de poder foram amplamente modificadas. As formas de participação[20] e as novas prerrogativas do Judiciário[21] são exemplos de algumas arenas políticas que tiveram fortes mudanças depois de 1988.

Algumas mudanças são fundamentais para pensarmos uma organização do sistema político menos vulnerável à incidência da corrupção no aparato estatal. A primeira delas é o financiamento das campanhas políticas. Aqui se colocam os principais problemas que posteriormente afetarão o sistema político. Uma relação entre público e privado sem nenhuma transparência gera um sistema de obrigações recíprocas sem nenhuma legalidade. No entanto, esses compromissos ou obrigações assumidos por membros do sistema político alteram fortemente os comportamentos do setor público e, ao serem expostos publicamente, ferem a imagem do Congresso e do sistema político. Ao mesmo tempo, um conjunto de indivíduos que quer exercer uma representação política muitas vezes não consegue fazê-lo em virtude da falta de recursos. Em ambos os casos, o financiamento público — exclusivo ou parcial — pode ajudar na resolução deste problema fornecendo condições para uma maior renovação da representação no Congresso.

É importante perceber que a questão do financiamento de campanhas se coloca no mesmo marco analítico que a corrupção, isto é, na interseção entre público e privado. Da mesmo forma, os escândalos ligados ao financiamento de campanhas têm o mesmo padrão: a questão se mantém limitada a políticos e a funcionários do Estado, e suas conexões com o sistema privado permanecem obscuras. Portanto, regular e dar maior transparência a essa relação parece central em uma reforma política no Brasil.

Em segundo lugar, vale a pena pensar a relação entre Executivo e Legislativo. Entre os três poderes no Brasil pós-1988, o Legislativo foi o que mais se enfraqueceu. O Judiciário recuperou amplamente suas prerrogativas e o Executivo passou a ter prerrogativas inéditas, tais como decidir questões relativas ao funcionamento do próprio Legislativo.[22] Assim, realizar uma reforma política que possa ter como consequência o fortalecimento do Legislativo frente ao Executivo e ao Judiciário parece ser de importância decisiva para a democracia brasileira. Regular o financiamento de campanha e torná-lo público pode ter como consequência o fortalecimento do Legislativo, em especial, diante da opinião pública.

Como conclusão, podemos afirmar que a percepção da opinião pública sobre o sistema político aponta para uma mudança cultural que, por sua vez, exigiria mudanças no sistema político. Independentemente de haver forte governabilidade e uma taxa bastante alta de aprovação de projetos do Executivo no Congresso, há um clamor por mudanças nas práticas políticas que permitem tal taxa de sucesso. Esse clamor se reflete em um conjunto de dados de percepção sobre o funcionamento do sistema político que foram analisados neste artigo. A baixa confiança no Congresso, já apontada por diversas pesquisas, aliada a uma forte percepção sobre a maior incidência de corrupção no Legislativo, aferida pela pesquisa do Centro de Referência do Interesse Público, torna a reforma política pauta de grande importância na agenda política brasileira. Tal reforma não necessita ser ampla, mas precisa mudar fortemente certas práticas no Congresso, gerando um ambiente com maior autonomia em relação ao Executivo e no qual seja mais difícil construir maiorias através do velho método de liberação das emendas ao Orçamento.

Ao mesmo tempo, mudanças na forma de financiamento das campanhas, com a introdução do financiamento público,[23] podem gerar mudanças no sistema de representação política, garantindo que novos indivíduos, representando outros segmentos da sociedade que hoje não têm acesso ao Parlamento, tenham acesso ao Congresso Nacional. A vinculação entre representatividade e a participação pode gerar uma comunicação mais forte entre o Congresso e a opinião pública, para que, eventualmente, as percepções do Congresso Nacional e da representação política vigente no país possam ser feitas de forma mais positiva pela opinião pública em geral.

Referências bibliográficas

ABRANCHES, Sergio. "O presidencialismo de coalizão". *Dados. Revista de Ciências Sociais*, 1988, 31 (1) 5-33.

ALMEIDA, Alberto Carlos. *A cabeça dos brasileiros*. Rio de Janeiro: Record, 2007.

AMES, Barry. *Os entraves da democracia no Brasil*. Rio de Janeiro: Fundação Getulio Vargas, 2001.

ALVES, Maria Helena Moreira. *State and Opposition in Military Brazil*. Austin: University of Texas Press, 1985.

AVRITZER, Leonardo. *A participação social no Nordeste*. Belo Horizonte: Editora da UFMG, 2007.

_____. *Participatory Institutions in Democratic Brazil*. Baltimore: Johns Hopkins, 2009.

AVRITZER, Leonardo; PEREIRA, Maria de Lourdes Dolabela. "Democracia, participação e instituições híbridas". *Teoria & Sociedade*. Belo Horizonte: UFMG, 2005, pp. 16-41.

COHEN, Joshua. *Philosophy, Politics and Democracy*. Cambridge: Harvard University Press, 2009.

FILGUEIRAS, Fernando. *Corrupção, democracia e legitimidade*. Belo Horizonte: Editora UFMG, 2008.

INGLEHART, Ronald. *Modernization and Post-modernization*. Princeton: Princeton University Press, 1996.

KINZO, Maria Dalva. *Brazil: Challenge of the 90's*. Londres: IB Tauris, 1993.

LIMA JR., Olavo. *Democracia e instituições políticas no Brasil*. São Paulo: Loyola, 1993.

LIMONGI, Fernando; FIGUEIREDO, Argelina. "A democracia no Brasil: presidencialismo, coalizão partidária e processo decisório". *Novos Estudos*, 2006, n° 76.

MAINWARING, Scott. *Rethinking Party Systems in Third Wave of Democratization*. Palo Alto: Stanford University Press, 1966.

MAINWARING, Scott; SCULLY, Timothy. *Building Democratic Institutions: Party Systems in Latin America*. Stanford: Stanford University Press, 1995.

MELO, Carlos Ranulfo; SAEZ, Manuel Alcántara. *A democracia brasileira*. Belo Horizonte: Editora da UFMG, 2007.

SOUSA, Maria do Carmo Campello. *Estado e partidos políticos no Brasil:1930-1964*. São Paulo: Alfa Omega, 1976.

VIANNA, Luiz Werneck. *A democracia e os três Poderes no Brasil*. Belo Horizonte: Editora da UFMG, 2005.

Notas

1. Carlos Ranulfo Melo e Manuel Alcántara Saez, *A democracia brasileira*.
2. Leonardo Avritzer, *Participatory Institutions in Democratic Brazil*.
3. Maria Helena Moreira Alves, *State and Opposition in Military Brasil*; Maria Dalva Ringo, *Brasil: Challenge of the 90's*.
4. Sergio Abranches, "O presidencialismo de coalizão", *Revista de Ciências Sociais*, pp. 5-33.
5. Fernando Limongi e Argelina Figueiredo, "A democracia no Brasil: presidencialismo, coalização partidária e processo decisório", *Novos Estudos*.
6. Dois *surveys* sobre corrupção foram realizados pelo Crip (Centro de Referência do Interesse Público). Em ambos contamos com a parceria da empresa Vox Populi. A amostra de entrevistados foi de 2.403 pessoas. Essa amostra foi representativa para o conjunto da população brasileira.

7. Alberto Almeida, *A cabeça do brasileiro*.
8. Carlos Ranulfo Melo e Manuel Alcántara Saez, *op cit.*
9. Ronald Inglehart, *Modernization and Post-modernization*.
10. Scott Mainwaring, *Rethinking Party Systems in Third Wave of Democratizatin*; Olavo Lima Jr., *Democracia e instituições políticas no Brasil*.
11. Scott Mainwaring e Timothy Sully, *Building Democratic Institutions: Party Systens in Latin America*.
12. Maria do Carmo Campello Sousa, *Estados e partidos políticos no Brasil: 1930-1964*.
13. Maria Helena Moreira Alves, *op. cit.*
14. Olavo Lima Jr., *op. cit.*
15. Barry Ames, *Os entraves da democracia no Brasil*, p. 18.
16. Alguns autores negam que a taxa de sucesso deva ser o elemento exclusivo de avaliação do sistema político, apontando também a desorganização, a irracionalidade e a falta de disciplina partidária no Congresso. Ver Carlos Ranufo Melo e Manuel Alcántara Saez, *op. cit.*, 2007.
17. Fernando Limongi e Argelina Figueiredo, *op. cit.*
18. Fernando Limongi e Argelina Figueiredo, *op. cit.*
19. Fernando Filgueiras, *Corrupção, democracia e sociedade*.
20. Leonardo Avritzer, *A participação social no Nordeste*; Leonardo Avritzer, *op. cit.*
21. Luiz Werneck Vianna, *A democracia e os três poderes no Brasil*.
22. Podemos oferecer alguns exemplos nessa direção. O Judiciário anulou parte da reforma política proposta pelo Congresso Nacional no caso da assim chamada cláusula de barreira, alegando sua inconstitucionalidade, e determinou formas de votação no Senado durante o caso Renan Calheiros e nas perdas de mandato ligadas à fidelidade partidária. É difícil encontrar paralelos entre esses fatos e a atuação do Judiciário em outros países; no caso norte-americano, por exemplo, o Judiciário não intervém em questões procedimentais do Congresso.
23. Joshua Cohen, *Philosophy, Politics and Democracy*.

O lugar da corrupção no mapa de referências dos brasileiros: aspectos da relação entre corrupção e democracia

Rachel Meneguello

I

Este texto apresenta algumas informações sobre a relação entre a percepção da corrupção e a democracia no Brasil; em específico, sobre seu impacto na orientação dos cidadãos no que tange ao sistema político e ao apoio ao próprio regime democrático. Um significativo conjunto de dados tem sido produzido a respeito da vitimização pela corrupção em vários países. No contexto latino-americano, as pesquisas do Barômetro das Américas confirmam a equação mais que conhecida segundo a qual os países mais ricos apresentam menores chances de seus indivíduos serem vítimas da corrupção e de que fatores contextuais estejam diretamente associados à presença ou não de práticas corruptas, condicionando a consolidação democrática. A partir dessa equação, a tendência global em direção à democracia política, por aumentar a transparência na dinâmica da vida pública, reduziria o espaço político disponível para práticas corruptas.

Assim, na América Latina, por exemplo, países como Haiti, México e Bolívia se destacam pela frequência de indivíduos vitimizados pela corrupção; Brasil, Chile, Uruguai e Colômbia, por sua vez, destacam-se pela menor incidência de vitimização em situações de corrupção política.[1]

O cenário de análise se estende quando observamos os vários índices produzidos por organismos internacionais, como o CPI (Corruption Perceptions Index) e o CCI (Corruption Control Indicator), desenvolvidos respectivamente pela ONG Transparência Internacional e pelo Banco Mundial, que apontam evidências de que formas de corrupção política têm crescido igualmente em nações consideradas mais avançadas.

Apesar de todo o conhecimento produzido, permanecem sem explicações aprofundadas muitas questões sobre a relação entre corrupção e democracia, mas uma, em específico, interessa destacar e diz respeito ao impacto da percepção da corrupção sobre a vida política, a ponto de afetar o apoio à democracia.

Os estudos que abordam a corrupção com um enfoque realista e crítico, como um fenômeno universal que atinge todos os países, apontam seu impacto sobre a legitimidade do sistema democrático, como o apoio ao regime e a confiança nas instituições.[2]

A corrupção seria a causa e a consequência do baixo desempenho do sistema, levando à redução da confiança dos cidadãos nas instituições, no governo e em sua capacidade de solucionar problemas e afetando, portanto, o apoio ou a adesão ao regime democrático, entendido a partir das noções de que a política democrática e as formas sobre as quais ela se estabelece são a maneira mais apropriada para a estruturação do sistema político.[3]

Nessa direção, Warren aponta que a corrupção tem efeitos significativos sobre a democracia: ela rompe com os pressupostos fundamentais do regime, como a igualdade política e a participação; reduz a influência da população no processo de tomada de decisões, seja por fraudes nos processos decisórios, como nas eleições, seja pela desconfiança e pela suspeita que ela gera entre os próprios cidadãos com relação ao governo e às instituições democráticas; e minimiza a transparência das ações dos governantes.

Power e Gonzalez[5] mostraram, a partir dos dados do Índice de Percepção de Corrupção da Transparência Internacional, que os altos índices de corrupção estão associados a baixos graus de desenvolvimento econômico, baixa qualidade do regime democrático, além de variáveis culturais, como religião e confiança interpessoal.

Para Seligson,[6] as limitações dos índices internacionais na tentativa de caracterizar o fenômeno da corrupção e avaliar seu impacto podem ser suplantadas pelos estudos empíricos baseados em *surveys*, pois esse instrumento permite identificar a percepção e a experiência dos cidadãos em relação ao fenômeno. Nas pesquisas realizadas em países latino-americanos (Colômbia, Nicarágua, Bolívia, Guatemala e El Salvador), o autor apontou que a experiência da corrupção interfere na legitimidade do regime político e na confiança interpessoal e que há uma diferença entre a percepção da corrupção e a experiência concreta com suas possibilidades.

No caso brasileiro, vários estudos recentes contribuíram com um conjunto de explicações sobre o fenômeno da corrupção no país, utilizando informações de *surveys* ou de pesquisas com dados de nível individual. Pautados, sobretudo, por índices coletados após as denúncias do escândalo de corrupção que envolveu parcelas da elite político-administrativa nacional — conhecido como "mensalão" e ocorrido em 2005 —, esses trabalhos procuram analisar as consequências da percepção da corrupção política na relação entre os cidadãos e o regime; especificamente Moisés,[7] que avalia os efeitos do fenômeno sobre a qualidade da democracia, Rennó,[8] que interpreta seu impacto sobre o comportamento político-eleitoral, e Vásquez,[9] que se concentra em seus efeitos sobre a confiança institucional.

As pesquisas analisadas neste texto foram realizadas em 2006 — a primeira pouco antes do início da campanha para as eleições gerais daquele ano e a segunda após a eleição, com várias preocupações com relação ao apoio à democracia e ao funcionamento do sistema político. Realizadas um ano após as denúncias do mensalão, as pesquisas tiveram objetivos originais distintos, mas ambas apontaram o papel singular que a corrupção parece ter na avaliação e no apoio ao sistema político.

Assim, na pesquisa realizada em junho de 2006,[10] o interesse esteve voltado para a avaliação da confiança nas instituições e para a percepção de seu papel como intermediárias do funcionamento do sistema político. O pressuposto de nossa preocupação era de que, em alguma medida, o apoio à democracia e ao funcionamento do sistema dependia de como os intermediários deste último — as instituições — eram avaliados e produziam confiança sobre seu funcionamento. Assim, a desconfiança institucional, retratada parcialmente na pequena identidade partidária e nas baixas avaliações dos políticos e do Congresso, sofreria o impacto de fatores específicos, desde a avaliação do desempenho do governo, passando pela insatisfação no respeito aos direitos até chegar à percepção da corrupção.

Na pesquisa em dezembro de 2006, o Eseb — Estudo Eleitoral Brasileiro,[11] estudo pós-eleitoral voltado à compreensão do sistema representativo e dos fatores envolvidos em seu funcionamento e em seus resultados — apresentou como uma das suas preocupações centrais a avaliação de como a *accountability* vertical — entendida como a possibilidade de punição ou de premiação dos políticos pelos eleitores — poderia ser resultado da percepção dos problemas do país, pois sabe-se que a campanha para a eleição presidencial de 2006 foi orientada em boa parte pelos escândalos de corrupção e que as denúncias de envolvimento do governo não foram capazes de produzir sua derrota naquele pleito, levando à reeleição do então presidente Lula.

Este texto traz uma análise tímida, mas instigadora, sobre os dados. Apresenta, inicialmente, algumas informações simples sobre a percepção da corrupção pelos entrevistados e seu julgamento sobre aspectos desta. Em seguida, procura permitir que se conheça o "lugar" ocupado pela percepção da corrupção no mapa de referências sobre o regime democrático, tal como estas últimas foram delimitadas na pesquisa. A preocupação que orientou a seleção dos dados apresentados e analisados foi a do possível efeito da percepção da corrupção sobre as bases da adesão democrática.

II

A análise aqui apresentada é parte de um projeto mais amplo, sobre as bases da adesão democrática no país. Em estudo anterior, ficou demonstrada a existência de uma importante distância entre as dimensões normativa e prática do apoio ao regime democrático.[12] As conclusões do estudo sobre a adesão dos indivíduos às âncoras institucionais do sistema representativo e ao seu funcionamento mostraram, em linhas gerais, que é dominante a preferência normativa. A tabela a seguir mostra que, à exceção das opiniões sobre o voto obrigatório, a importância da escolha política (percebida pela importância do voto no sistema), dos partidos, dos políticos e do regime democrático têm uma adesão significativa dos indivíduos.

Tabela 1. Opiniões sobre a democracia e aspectos da representação política

O voto tem influência sobre o que acontece	A maneira como as pessoas votam pode fazer com que as coisas mudem	62,3%
	Não importa como as pessoas votam, isso não fará com que as coisas mudem	36,2%
Votaria caso o voto não fosse obrigatório	Sim	48,7%
	Não	49,1%
	Talvez/Depende	2,1%
Opinião sobre a democracia	A democracia é sempre melhor que qualquer outra forma de governo	64,8%
	Em certas circunstâncias, é melhor uma ditadura	13,5%
	Tanto faz se o governo é uma democracia ou uma ditadura	16,9%
Opinião geral sobre os partidos	São indispensáveis à democracia	36,3%
	Só servem para dividir as pessoas	59,4%

Opinião sobre os partidos e a democracia	Sem partidos não pode haver democracia	63,0%
	A democracia pode funcionar sem partidos	31,5%
Opinião sobre o Congresso e a democracia	Sem Congresso não pode haver democracia	66,1%
	A democracia pode funcionar sem Congresso	28,7%
Opinião sobre a Câmara dos Deputados e o Senado	O país precisa da Câmara dos Deputados e do Senado	66,2%
	Poderíamos passar bem sem a Câmara dos Deputados e o Senado	30,4%

Nota: Para todas as questões, a diferença para 100% refere-se a respostas "não sei" e "não respondeu".
Fonte: Eseb, 2006.

Os estudos também confirmaram que a adesão normativa à democracia é um fenômeno majoritário que, ao mesmo tempo, convive com um julgamento severo sobre o funcionamento do regime. Contextos marcados pela sobrevivência de traços autoritários na cultura política e, ao mesmo tempo, por distorções do funcionamento das instituições democráticas, com repercussões sobre a qualidade do regime democrático, afetam de diferentes formas a experiência dos indivíduos, a percepção sobre o sistema e o impacto sobre suas orientações políticas.

Parece, portanto, correto considerar que a combinação entre uma percepção negativa da corrupção e seu efeito limitado sobre as orientações políticas individuais expressa uma cultura própria das transições políticas, marcada por dimensões híbridas quanto ao entendimento sobre o funcionamento do sistema e o que pesa para esse funcionamento.

Até agora temos a evidência de que os brasileiros percebem o que é nocivo ao funcionamento do sistema e fazem juízo sobre esse fenômeno, mas ele tem limites de influência. Os gráficos a seguir mostram que a maioria dos brasileiros percebe o aumento da corrupção no tempo, identifica seu lugar como tema da agenda pública, considera a seriedade do fenômeno e manifesta um homogêneo juízo negativo sobre as formas de corrupção política associadas à administração pública.

Gráfico 1. Percepção sobre o aumento da corrupção no Brasil.*

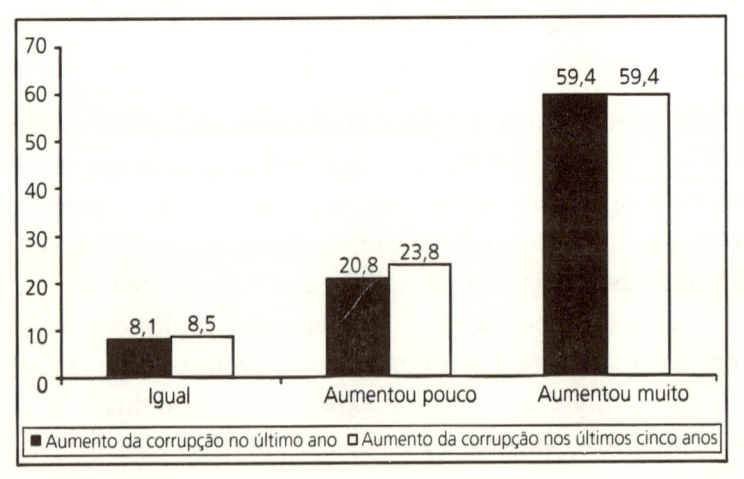

Fonte: Eseb, 2006.

---

* Os valores não completam 100% porque foram retirados os valores intermediários.

Gráfico 2. Opiniões sobre a corrupção ser um problema sério

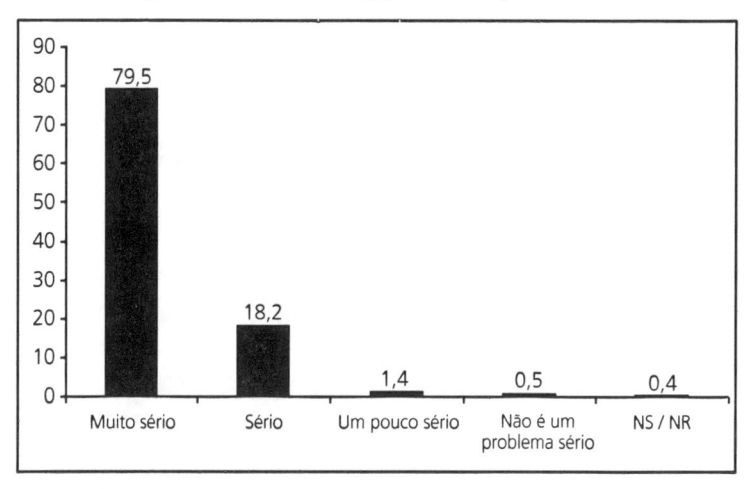

Fonte: Eseb, 2006.

Tabela 2. Percepção da população sobre a agenda política e a agenda de campanha eleitoral em 2006

Problema mais importante debatido na eleição de 2006	Escândalos envolvendo o governo/ Mensalão/Corrupção	21,2%
	Desemprego	5,5%
	Combate à fome/Bolsa Família	5,3%
Principal problema político do país	Corrupção	39,7%
	Desemprego	10,0%
	Alto salário dos deputados	2,6%

Nota: Constam apenas os itens com maior número de menções.
Fonte: Eseb, 2006.

Gráfico 3. Opiniões sobre as práticas de corrupção política*

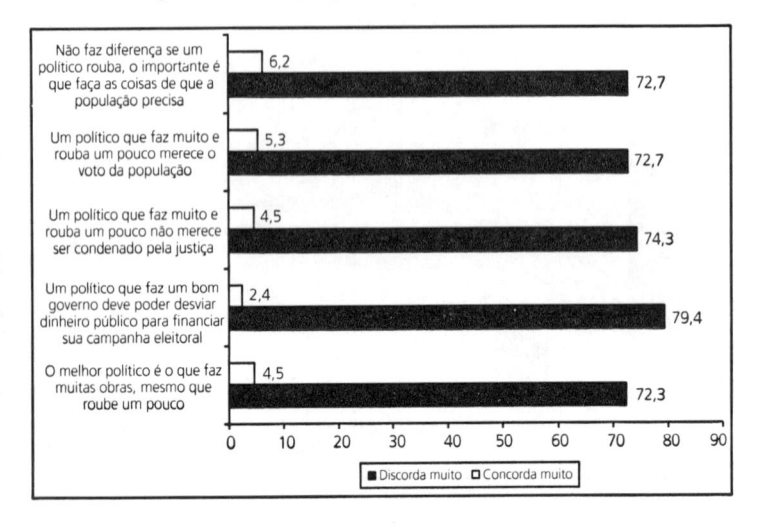

Fonte: Eseb, 2006.

III

Mas as percepções e os juízos sobre a corrupção compõem o constructo de apoio ao regime democrático? Para aprofundar essa questão, elaboramos um modelo explicativo em que as âncoras institucionais representativas (Tabela 1) e as avaliações do atual governo, do desempenho dos governos passados e do atual com relação a aspectos específicos conformam o constructo, com o intuito de testar essa associação (Tabela 2). Nesse sentido, um dos pressupostos foi que a memória e a experiência políticas em regimes distintos — a democracia e a ditadura — ou até em governos democráticos distintos, como o de FHC e o de

---

* O complemento dos valores até 100% refere-se às respostas intermediárias.

Lula, poderiam mapear associações relacionadas ao apoio normativo ao regime democrático, identificando as variáveis principais para definir o apoio ao sistema e identificar a importância, no conjunto de orientações dos indivíduos, de questões ou de temas considerados fundamentais para traçar as diferenças entre situações políticas, como o fenômeno da corrupção. Para isso, definiu-se como temas os direitos humanos, a economia, a corrupção e o tráfico de influência. As questões adicionadas às variáveis sobre democracia e representação estão na tabela adiante. Nela, os dados que se destacam são a percepção da melhoria generalizada nos três itens, para os três períodos de governo, com destaque para a melhora dos direitos humanos e a economia no governo Lula — e a piora da corrupção no governo Lula.

Tabela 3. Avaliação do desempenho de governos anteriores (%)

Considerações	Governos	Melhor	Igual	Pior	NS/NR
Avaliação da situação de corrupção e de tráfico de influência	No governo Lula (2003-2006), comparado ao que era antes	25,3	25	47,4	2,3
	No governo FHC, comparado ao que era antes	20	38,2	34,4	7,4
	A situação atual, comparada aos governos Geisel e Figueiredo	25,7	22,4	29,4	22,5

Considerações	Governos	Melhor	Igual	Pior	NS/NR
Avaliação da situação dos direitos humanos	No governo Lula (2003-2006), comparado ao que era antes	49,6	33,9	13,3	3,2
	No governo FHC, comparado ao que era antes	33,2	39,8	19,2	7,8
	A situação atual, comparada aos governos Geisel e Figueiredo	47,5	17,9	13,2	21,4
Avaliação da situação da economia do país	No governo Lula (2003-2006), comparado ao que era antes	50,7	28,6	15,7	5
	No governo FHC, comparado ao que era antes	31	34,8	29,3	4,9
	A situação atual, comparada aos governos Geisel e Figueiredo	43,8	17,1	16,9	22,2

Fonte: Eseb, 2006.

Gráfico 4. Avaliação do governo Lula (%)

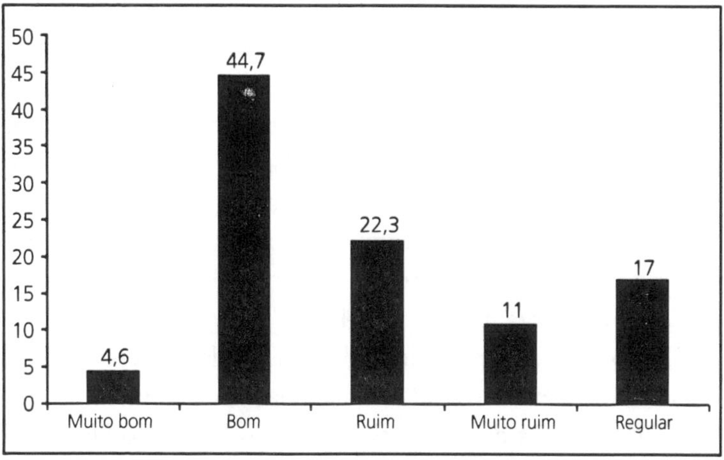

Fonte: Eseb, 2006.

Ao buscar como esses fatores e contextos se organizam no mapa de referências do eleitor brasileiro, encontrou-se que a principal dimensão, ou a que define mais imediatamente o modo como o eleitor se posiciona diante do sistema, é aquela que acolhe o governo do momento e seu desempenho diante da economia e dos direitos humanos. Ou seja, a memória política mais imediata para avaliar a democracia e o funcionamento do sistema consiste na referência ao atual governo, sua atuação na economia e sua relação com os direitos humanos.

As memórias relacionadas à economia e aos direitos humanos nos governos anteriores constituem a segunda mais importante dimensão para avaliar o desempenho do sistema. Em seguida, os temas que conferem apoio normativo ao sistema — a democracia, as eleições e a necessidade das instituições representativas. É bom destacar que as dimensões, independente das instituições representativas e da democracia, sugerem que a avaliação negativa do desempenho institucional dos partidos e do Congresso não afeta a preferência democrática. O modelo apresentado está exposto abaixo.

A solução de nosso modelo produziu cinco fatores, com uma variância explicativa de $\alpha = 56,6\%$. O Fator 1 é o fator de governo Lula em que se encontram as variáveis de avaliação do governo, da economia — com as maiores cargas da matriz (maiores que 0,8) —, dos direitos humanos (0,741) e da corrupção, com uma carga menor (0,594).

O Fator 2 pode ser considerado a memória do desempenho, pois se compõe exclusivamente da avaliação da situação econômica e dos direitos humanos nos governos Fernando Henrique e nos governos militares entre 1975 e 1985. Nos fatores 1 e 2 está substantiva e subjetivamente incluído o papel do Plano Real como referência para a avaliação das situações econômicas de períodos políticos anteriores. Contudo, não parece aleatório que a avaliação da economia no governo Lula esteja em fator separado, dos governos anteriores, pois o Fator 1 indica a proeminência do governo do momento, nos seus vários aspectos, sobre as demais referências político-temporais.

O Fator 3 pode ser denominado as âncoras das instituições representativas, pois nele constam apenas questões que afirmam a necessidade de partidos políticos e do Congresso para a democracia e para o Brasil, em específico. É apenas no Fator 4, denominado preferência democrática, que emergem as questões sobre a preferência e a avaliação da democracia no país, associadas às duas questões que valorizam o exercício do voto. Os dados aqui obtidos repetem a associação entre democracia e eleições encontrada em estudos anteriores, mas neste modelo essa relação tem força especial, pois essa noção de democracia não se altera quando ponderamos a respeito das percepções sobre a economia do país nos governos Lula, FHC e militar, tampouco as percepções sobre direitos humanos e corrupção nesses vários períodos.

Finalmente, o Fator 5, denominado avaliação da corrupção, agrega todas as questões de avaliação em todos os períodos políticos, inclusive no governo Lula, aparecendo nesse fator com carga 0,601, e no Fator 1 com carga 0,594.

Esse modelo de análise sobre a adesão à democracia aponta o quadro político imediato como a primeira referência dos cidadãos frente o sistema democrático. Nesse caso, trata-se do peso do governo do momento, ou seja, o governo Lula, e seu desempenho nas dimensões da economia e dos direitos humanos. Situação econômica do país e situação dos direitos humanos definem o recorte da avaliação do desempenho governamental no período. A preferência pelo regime, contudo, não está diretamente associada a essas duas dimensões e, como já mencionamos, mantém-se relacionada também ao voto. Mesmo em menor peso, é importante reafirmar o papel isolado das eleições na referência ao regime, pois, de certo modo, as questões independentes das instituições representativas e da democracia sugerem que o desempenho dos partidos e do Congresso não afeta a preferência democrática.

O que nos intriga é a "independência" entre as percepções sobre a corrupção em todo o período político abordado, pois ela coloca uma distância entre a ideia de democracia e as noções de transparência e de controle do tráfico de influência. Tal conjuntura nos ajuda a entender o cenário da crise política de 2005, em que os escândalos de corrupção não abalaram a avaliação do governo, do presidente e da preferência pela democracia, mas aponta para um problema mais complexo, que envolve compreender as causas das questões independentes encontradas no modelo, em específico as motivações para que a análise da corrupção de governos distintos seja estabelecida de forma relativamente isolada.

Além disso, cabe ainda um comentário sobre as condições da contabilidade vertical — os dados de dezembro de 2006, coletados após a reeleição do presidente Lula, não apenas mostraram que as denúncias de corrupção não foram suficientes para punição do governo, mas, sobretudo, que a avaliação retrospectiva que influencia o voto do eleitor é multidimensional e envolve identificação política, ideologia e avaliação de desempenho do sistema em outras dimensões, como a economia e as políticas de redistribuição de renda.

Os dados indicam uma zona nublada, na qual reside um juízo normativo sobre a corrupção que não afeta de forma significativa o comportamento político mais imediato do eleitor ou a avaliação e o apoio ao sistema político. Essa área parece ser o nó entre o impacto da corrupção e as bases da adesão democrática — como diminuir a distância entre a percepção, o juízo moral e a prática política. Parece-nos que aprimorar as instituições, de forma que elas adquiram ou readquiram confiança quanto a seus efeitos, é um dos caminhos fundamentais.

Tabela 4. Matriz fatorial. Apoio à democracia e a percepção da situação da corrupção

Situações	Fatores				
	1	2	3	4	5
Avaliação do governo Lula	0,838				
Avaliação da situação econômica do 1º governo Lula	0,843				
Avaliação da situação econômica atual comparada ao governo FHC (1994-2002)	0,693				
Avaliação da situação econômica atual comparada aos governos militares		0,637			
Avaliação dos direitos humanos do governo FHC em comparação ao período anterior		0,740			
Avaliação dos direitos humanos do governo Lula em comparação ao período anterior	0,741				
Avaliação da situação atual dos direitos humanos. Lula em comparação ao período militar		0,643			
Avaliação da situação da corrupção durante o governo FHC em comparação ao período anterior					0,636
Avaliação da situação da corrupção durante o governo Lula em comparação ao período anterior	0,594				0,601
Avaliação da corrupção atual em comparação ao período militar					0,673
Grau de preferência pela democracia				0,618	
Preferência por regime político (democracia ou ditadura)				0,601	
Necessidade dos partidos para a democracia			0,806		
Necessidade do Congresso para a democracia			0,811		
Importância do voto para mudar as coisas				0,669	
Necessidade do Congresso para o Brasil			0,676		
Votaria para presidente se o voto não fosse obrigatório				0,600	
Porcentagem de variância explicada	14,2	11,8	11,7	10,2	8,7

Método de extração: análise de componentes principais. Rotação Varimax/normalização Kaiser. Total de variância explicada: 56,6%

Fonte: Eseb, 2006.

Referências bibliográficas

ABRAMO, Cláudio W. "Percepções pantanosas: a dificuldade de medir a corrupção". *Novos Estudos*, Cebrap, 2005, n° 73.

AVRITZER, Leonardo. "Índices de percepção da corrupção". In: AVRITZER, Leonardo; BIGNOTTO, Newton; GUIMARÃES, Juarez; STARLING, Heloisa Maria (org.). *Corrupção: ensaios e críticas*. Belo Horizonte: Editora UFMG, 2008

GUNTHER, Richard; MONTERO, José Ramon. "A Legitimidade política em novas democracias". *Revista Opinião Pública*, 9(1), 2003.

MENEGUELLO, Rachel. "Aspects of democratic performance: democratic adherence and regime evaluation in Brazil". *International Review of Sociology*, vol. 16, n° 3.

_____. *Bases da adesão democrática: Brasil, 2002-2006*. Workshop on democracy and citizen distrust of public institutions: Brazil incomparative perspective. Centre for Brazilian Studies/University of Oxford, 2007.

MOISÉS, José Álvaro. "Cultura política, instituições e democracia: lições da experiência brasileira". *Revista Brasileira de Ciências Sociais*, vol. 23, n° 66, 2008.

_____. "Political corruption and democracy in contemporary Brazil". *Revista Latinoamericana de Opinión Pública*, número zero, WAPOR, 2009.

MOISÉS, José Álvaro; CARNEIRO, Gabriela P. "Democracia, desconfiança política e insatisfação com regime: o caso do Brasil". *Revista Opinião Pública*, 2008, vol. 14, n° 1.

MORLINO, Leonardo; DIAMOND, Larry. "The quality of democracy: an overview". *Journal of Democracy*, 2004, vol. 15, n° 4.

NELKEN, David; LEVI, Michael. "The Corruption of Politics and the Politics of Corruption: An Overview". *Journal of Law and Society*, 1996, vol. 23, n° 1. pp. 1-17

POWER, Timothy J.; GONZALEZ, Júlio. "Cultura política, capital social e percepções sobre corrupção: uma investigação quantitativa em nível mundial". *Revista de Sociologia e Política*, Curitiba, 2003, n° 21.

POWER, Timothy; JAMISON, Giselle D. "Desconfiança política na América Latina". *Revista Opinião Pública*, Campinas, 2005, vol. 11, n° 1.

RENNÓ, Lucio. "Escândalo e voto: as eleições presidenciais brasileiras de 2006". *Revista Opinião Pública*, 2007, vol. 13, n° 2.

SELIGSON, Mitchell. *Tranparency and Anti-Corruption Activities in Colombia: a Survey of citizen experiences*. Pittsburgh: Casals & Associates, 2001.

_____. "The Impact of Corruption on Regime Legitimacy: a Comparative Study of Four Latin American Countries". *Journal of Politics*, Columbia, 2002, vol. 64, n° 2.

_____ (ed.). *Challenges to Democracy in Latin America and the Caribbean: Evidence from the Americas Barometer 2006-2007*. Nashville: Vanderbilt University, 2008.

WARREN, Mark E. "Democratic Theory and Trust". In: WARREN, Mark (ed.). *Democracy and Trust*. Cambridge: Cambridge University Press, 1999.

_____. "What does Corruption Mean in a Democracy?". *American Journal of Political Science*, 2004, vol. 48, n° 2.

VÁSQUEZ, Rodrigo Alonso. *Confiança institucional e corrupção política no Brasil pós-1985*, 2010. Dissertação de mestrado, Programa de Ciência Política/IFCH, Unicamp.

ZÉPHYR, Dominique. "Corruption and its Impact on Latin American Democratic Stability". In: SELIGSON, Mitchell (ed.). *Challenges to Democracy in Latin America and the Caribbean: Evidence from the Americas Barometer 2006-2007*. Nashville: Vanderbilt University.

Notas

1. Mitchell Seligson, *Challenges to Democracy in Latin America and the Caribbean*.
2. Idem, *Transparency and Anti-Corruption Activities in Colombia: a Survey of Citizen Experiences*; idem, "The Impact of Corruption on Regime Legitimacy", *Journal of Politics*; Timothy Power e Julio Gonzáles, "Cultura política, capital social e percepções sobre a corrupção", *Revista de Sociologia e Política*.
3. Richard Gunther e José Ramon Monteiro, "A legitimidade política em novas democracias", *Revista Opinião Pública*; Rachel Meneguello, "Aspectos of Democratic Performance", *International Review of Sociology*.
4. Mark E. Warren, "What does Corruptions Mean in a Democracy?", *America Journal of Political Science*.
5. Timothy Power e Júlio Gonzáles, *op. cit.*
6. Mitchell Seligson, *op. cit.*
7. José Álvaro Moisés, "Political corruption and democracy in contemporary Brazil", *Revista Latinoamericana de Opinión Pública*.
8. Lucio Rernó, "Escândalo e voto: as eleições presidenciais brasileiras de 2006", *Revista Opinião Pública*.
9. Rodrigos Alonso Vásquez, "Confiança institucional e corrupção política no Brasil pós-1985", Dissertação de Mestrado.
10. Pesquisa nacional — "A desconfiança nas instituições democráticas pelos cidadãos" — coordenada por José Álvaro Moisés e Rachel Meneguello, Nuppes/Usp e Cesop/Unicamp.
11. O Eseb 2006 foi a segunda onda nacional do projeto Comparative Study of Electoral Systems (Universidade de Michigan), coordenada pelo Cesop/Unicamp.
12. Rachel Meneguello, *op. cit.*, 2006; Rachel Meneguello, "Bases de adesão democrática: Brasil, 2002-2006", Workshop on Democracy and Citizen Distrust of Public Institutions.

Sociedade civil e corrupção: Crítica à razão liberal

Juarez Guimarães

Conceitos são como sinais luminosos que conectam discursos argumentativos, os quais, por sua vez, racionalizam e legitimam a práxis dos atores políticos, podendo alcançar diferentes graus de influência e de sedimentação nas culturas políticas e instituições. Se é preciso evitar o preconceito iluminista que valida apenas a razão conceitual, é necessário também criticar o preconceito obscurantista ou aquele simplesmente pragmático que nega ou menospreza o valor heurístico da pesquisa conceitual. Ora, é preciso conferir centralidade ao conceito de sociedade civil e de sua relação com o Estado para organizar as diferentes gramáticas da ciência política.

Este pequeno ensaio percorre dois momentos: o primeiro procura demonstrar como os conceitos de sociedade civil estruturam diferentes diagnósticos e estratégias de combate à corrupção; em seguida procura refletir sobre o caso brasileiro a partir da pesquisa de opinião pública já realizada, valendo-se desse esclarecimento conceitual sobre as diferentes gramáticas de entendimento do fenômeno da corrupção. Em conclusão, ao se identificar o processo de formação da cidadania ativa e do interesse público como condição necessária para a superação da corrupção sistêmica, apontam-se dois obstáculos centrais, que operam desconectando as dimensões sociais e institucionais da construção republicana no Brasil contemporâneo.

Esse procedimento para um esclarecimento conceitual é necessário porque o campo dialógico sobre a corrupção em geral é atravessado por diferentes gramáticas, que se valem de uma polissemia de conceitos para fundamentar agendas díspares. Essa situação é, em particular, própria da contemporaneidade política brasileira, em que se cruzam vertentes de uma formação republicana tardia e de fortes tradições liberais privatistas.

SOCIEDADE CIVIL E CORRUPÇÃO: A RAZÃO LIBERAL

Pode-se afirmar que a narrativa liberal concebe a gênese privada da sociedade civil, a distinção opositiva central entre sociedade civil e Estado, como fundamental para pensar a liberdade e o caráter potencialmente virtuoso daquela em oposição à condição potencialmente corruptível do Estado. Quando se fala em gênese privada da sociedade civil, refere-se à sua anterioridade constitutiva, à sua autonomia em relação à regulação estatal e à sua dinâmica autorreferida. Nessa narrativa, a liberdade é pensada em oposição ao tamanho do Estado: quanto maior, menos liberdade entendida como "liberdade negativa";[1] quanto menor, maior é o campo da liberdade dos indivíduos — a dimensão analítico-normativa do liberalismo diagnostica e idealiza a sociedade civil autônoma como fundamento da liberdade, da eficiência e do progresso.

Essa narrativa liberal é ainda certamente hegemônica, tendo um núcleo duro e uma capacidade de absorver e de definir campos de reflexão até para pensamentos pretensamente adversários. Nela, poderíamos flagrar cinco momentos históricos decisivos.

No primeiro, funda-se a narrativa lockiana.[2] A sociedade civil é pensada como ontologicamente anterior ao Estado —

constitui previamente à sua origem os direitos, concebidos como naturais, com centralidade ao direito de propriedade — e exerce sobre ele sua vigilância e seu limite decisório — o Estado mínimo que atua como garantidor e árbitro, em confiança, da liberdade e dos direitos originariamente formados.

Posteriormente, há aquela narrativa da economia política inglesa clássica, em que a sociedade civil é vista como autônoma à regulação central do Estado, a partir de uma dinâmica que tende ao equilíbrio geral. Em uma postulação economicista do mercado, a sociedade civil é paradoxalmente virtuosa, mesmo assentando-se sobre a particularização dos interesses, capaz de produzir um ótimo social.

O terceiro momento é do utilitarismo inglês, que encontrou sua formulação mais influente na obra de John Stuart Mill.[3] A produção autônoma dos interesses e sua representação política produzem um *maximum* de utilidade social, ficando a intervenção do Estado limitada aos casos em que a manifestação da autonomia individual gera danos evidentes à autonomia e ao bem-estar dos outros.

Consecutivamente, um quarto momento nos é concedido pela narrativa de Max Weber.[4] Formado nas grandes escolas da história e da sociologia jurídica, ele não aceita o dogma da precedência ontológica da sociedade civil sobre o Estado, mas concebe-os, na sociedade moderna, como frutos de causalidades (religiosas, jurídicas, econômicas, políticas), que se combinam em suas dinâmicas relativamente autônomas. Na grande narrativa da racionalização como eixo configurador da modernidade, o Estado e as diferentes esferas da sociedade civil vivem lógicas de racionalização próprias — tendo como epicentro a ação estratégica —, colocando em máxima tensão as bases de um humanismo que somente pode ser estoicamente vivido na subjetividade.

O que resulta daí é a necessária contenção do campo de intervenção política do Estado, cuja expansão irracional incidiria negativamente sobre a racionalidade instrumental operante nos vários campos da vida social, em particular na esfera econômica.

Por fim, na narrativa contemporânea típica de Norberto Bobbio,[5] cujos fundamentos últimos estão em Weber, a corrupção característica do Estado moderno surge como resultado realista das promessas não cumpridas pela democracia: a apatia dos cidadãos, a intransparência do Estado, a burocratização das decisões e a complexidade da vida moderna, que tornam incertos os controles democráticos. Entre os ideais normativos da democracia e sua realidade histórica nas sociedades modernas abre-se, de forma inelutável, uma cisão, uma defasagem.

Resulta dessas cinco narrativas liberais — com suas impregnações na cultura política, estratégias persuasivas e midiáticas e produções de agendas — um campo de diagnósticos e de estratégias de combate à corrupção.

A questão central do diagnóstico é o caráter potencialmente corruptível do Estado: seu tamanho, sua regulação econômica excessiva, as carências de representação e de controle de suas funções, a força irracional da política ou, mais simplesmente, a contradição aberta entre os valores normativos democráticos e a dura realidade dos interesses nos Estados contemporâneos.

As estratégias de combate à corrupção que daí resultariam seriam, portanto, a diminuição do Estado, a privatização e a desregulamentação, o fortalecimento dos controles externos, o insulamento burocrático dos centros decisórios estratégicos com relação à política ou, ainda, o rebaixamento das expectativas de controle da corrupção a um padrão realista da política.

Ainda que se reconheça alguma contribuição no diagnóstico e na proposição de estratégias de combate à corrupção, que resultam desse campo liberal firmado sobre o conceito potencialmente virtuoso de sociedade civil, é fundamental superar o que há de redução, de parcialidade e de unilateralidade nessas proposições. A apologética da sociedade civil virtuosa *versus* o Estado potencialmente corruptível produz um diagnóstico autorreferido da gênese da corrupção no Estado, desprezando ou obscurecendo suas conexões com os interesses privados que com ele se relacionam. O tamanho do Estado é escolhido como variável fundamental sem que se reflita adequadamente sobre a qualidade republicana de suas leis, instituições e procedimentos. Como consequência, é proposto um receituário de medidas e de providências que pode até alargar o fenômeno da corrupção, como, por exemplo, os reclames de menos regulação e insulamento de instâncias decisórias que afetam fortemente a repartição da renda e da riqueza.

Precisamos, então, de um conceito de sociedade civil que amplie, complexifique e ressignifique nosso campo de visão sobre a corrupção.

SOCIEDADE CIVIL E CORRUPÇÃO: A RAZÃO REPUBLICANA

Encontramos na gramática fundadora do republicanismo moderno, tal como elaborada na obra de Jean-Jacques Rousseau, a chave para repensar o conceito de sociedade civil — crítico e alternativo ao campo liberal. Não se trata de propor uma leitura dogmática da obra deste teórico, mas, através de um trabalho analítico de historicização, corrigi-lo, enriquecê-lo por meio da crítica feminista,[6] das culturas da democracia participativa,[7] que combinam, e não opõem, representação e participação, e do conceito de esfera pública (com toda a riqueza de suas categorias discursivas, comunicativas e deliberativas).

Há aí, ao mesmo tempo, uma narrativa sobre a gênese pública da sociedade civil democrática,[8] a proposição de um princípio de legitimidade centrada na liberdade como autonomia[9] e que articula e relaciona sociedade civil e Estado e, por fim, a definição da corrupção do corpo político como um fenômeno compreensivo e simultaneamente patológico da sociedade civil e do Estado.

A gênese pública da sociedade civil democrática em Rousseau indica que ela apenas pode se formar com o Estado republicano, originada de um mesmo poder constituinte que, na teoria normativa deste teórico, trata-se do povo soberano. O princípio de legitimidade que articula sociedade civil e Estado é a liberdade, entendida como autonomia e assentada na simetria dos direitos e dos deveres do cidadão. A corrupção do corpo político, significando o impedimento, a restrição ou o desvirtuamento da vontade soberana do povo, introduz o reino dos privilégios ao acesso a direitos e a deveres e devasta o interesse público pela força do privatismo e do particularismo.

Contudo, o que se pode extrair desse conceito de sociedade civil e dessa gramática da ciência política elaborados pelo republicanismo democrático para o diagnóstico e o combate à corrupção?

Em primeiro lugar, há aqui uma apologia da política entendida como exercício pleno da liberdade, da autonomia politicamente formada e compartilhada, da cidadania ativa e da formação do interesse público como o verdadeiro antídoto contra a corrupção. Esse antídoto não é suficiente, mas condição necessária para tal combate.

Em segundo lugar, vincula-se visceralmente a corrupção à assimetria de direitos e deveres entre os cidadãos, que mina sua condição de liberdade entendida como autonomia. Distingue-se aqui centralmente a realização de privilégios ilegítimos (que é a corrupção, por definição) em um regime republicano com os privilégios legitimados em um regime não republicano, isto é, não baseado na soberania popular. Sem uma compreensão sólida do que é o interesse público, que só pode se firmar em um contexto de simetria entre direitos e deveres dos cidadãos, não há uma base segura sequer para identificar o fenômeno da corrupção. A luta contra a corrupção é, pois, para o republicanismo democrático, o fundamento da luta pela justiça.

Em terceiro lugar, a possibilidade de tornar a corrupção um fenômeno marginal ou de exceção depende centralmente da construção institucional complexa do interesse público, isto é, de leis, instituições, regulações, procedimentos e políticas públicas universalistas. A raiz do combate à corrupção não está nos âmbitos da autocontenção do Estado ou da expressão espontânea dos interesses e das vontades da sociedade civil mas, rigorosamente falando, no âmbito da construção das formas de mediação para a formação do interesse comum a partir das vontades particulares e dos interesses particulares a partir do interesse comum.

ESTRUTURA CONCEITUAL DA POLÊMICA

Com as mediações necessárias, é possível identificar como esses dois campos conceituais da sociedade civil estruturam a polêmica sobre a corrupção na cena contemporânea brasileira.

O primeiro campo argumentativo, de raiz liberal, com grande fôlego na mídia e enraizamento problemático na opinião pública, articula três núcleos de ideias.

Em primeiro lugar, há a noção de que a corrupção dos políticos e no Estado é cada vez maior no Brasil. Esta noção baseia-se, de fato, em uma meia verdade: a percepção da corrupção é maior quando ela é mais combatida e exposta, não significando necessariamente que seja maior ou crescente. Uma situação de corrupção generalizada que não vem a público, por exemplo, em uma ditadura militar, pode ser percebida pela população como pouco corrupta. De modo inverso, um governo que estabeleça um trabalho sistemático de combate à corrupção enraizada historicamente nas várias estruturas do Estado pode ser percebido automaticamente como mais corrupto.

Em segundo lugar, existe a percepção de que a base político-econômica dessa expansão da corrupção está no alargamento da intervenção do Estado, de suas funções e empresas, conformando no limite um novo ciclo de "capitalismo de Estado". De novo, essa percepção se baseia em uma realidade ambígua: um aumento da intervenção do Estado sem aprimoramento dos controles democráticos e republicanos potencialmente gerará mais corrupção, mas um aumento de suas atividades acompanhado de um aprimoramento de seus fundamentos republicanos não gerará necessariamente maior corrupção, podendo essa, inclusive, ser diminuída.

Por fim, tem-se a ideia de que a base político-social desse fenômeno caracteriza um neopopulismo, com arranjos corporativos escusos, formação de clientelas, arrivismos nutridos no Erário e até, eventualmente, a formação de uma "nova classe financeira" (ligada aos fundos de pensão). Há, aqui, um diagnóstico equívoco: se a expansão das ações do Estado se dá em um contexto de democracia política, de maior ativação de formatos participativos, se faz valer dinâmicas universalistas de direitos legais ou constitucionalizados, não há por que falar em "populismo", "clientelismo" ou "corporativismo" que, na própria definição, exclui e concentra poder político, forma novas dependências entre representante e representado e segmenta o acesso a direitos.

Embora não se concorde aqui com esse campo argumentativo, é preciso reconhecer que a corrupção no Brasil não é excepcional, mas ainda é sistêmica; isto é, ela está enraizada, pela própria formação autocrática ou oligárquica do Estado nacional, em seus órgãos, suas dinâmicas e seus procedimentos em relação aos interesses econômicos privados mais fortes, que organizam ativamente redes de corrupção. É verdade que o alargamento das funções econômicas do Estado sem republicanização pode potencializar a expansão da corrupção e que se parece haver indícios de formação de uma nova coalizão político-social hegemônica ela está longe ainda de se assentar ou recriar a institucionalidade democrática e plenamente republicana do exercício de seu poder.

O segundo campo argumentativo, de raiz republicana, baseia-se centralmente no conceito de *formação*, em tempos históricos amplos, da República democrática brasileira. Este conceito de *formação* é fundamental como alternativa às narrativas da falta, às naturalizações da cultura política e à ausência de uma atenção dramática sobre o ciclo histórico que está se vivendo no Brasil — isto é, ele permite pensar o Brasil fora de uma negatividade em relação a um padrão, em geral idealizado, de república. Possibilita também fugir a um conformismo histórico, transformando o que foi e vigorou como sendo inalterável em uma ação política virtuosa ou na formação democrática de novas culturas políticas. Por fim, em oposição a uma apologia da democracia brasileira, seus feitos e suas possibilidades, trabalha-se com um horizonte conflitivo, aberto e ainda irresolvido de construção de instituições e de culturas republicanas.

A narrativa da *formação republicana*, centrada na formação do *interesse público versus* seu grande outro, que é a *corrupção*, articula, por sua vez, três grandes blocos de ideias.

Em primeiro lugar, está em curso um amplo e profundo processo de formação de uma *cultura cidadã*, que sintetiza vários processos sociais convergentes (reestruturação dos direitos do trabalho e políticas sociais universais, expansão da identidade feminina e direitos afirmativos dos negros e dos homossexuais). Seria importante nesse sentido, de acordo com um topos da cultura republicana, entender melhor e com maior centralidade os efeitos da expansão da educação nesse novo ciclo histórico de formação da cultura cidadã. Há, de fato, mais expansão no campo dos direitos, que simetria no campo dos deveres, e mais inclusão social, que distribuição de renda, como se pode notar no funcionamento conservador do Judiciário, na permanência dos privilégios rentistas e agrários e na estrutura regressiva da tributação.

Essa cultura cidadã tende a expressar, pela primeira vez em um padrão nacional e popular, um repúdio e um inconformismo em relação a corrupção, o que é uma notável novidade em relação a outras épocas de nossa cultura política, mesmo não se tendo um quadro comparativo composto. A teoria do "rouba, mas faz" não mais parece ter lugar central na cultura democrática dos brasileiros. A contestação à corrupção atravessa hoje, no Brasil, todas as camadas sociais, todos os níveis de instrução, não apresentando diferenças significativas em relação a região, gênero ou etnia.

Nas duas pesquisas de opinião realizadas pelo Instituto Vox Populi, 77% ou 73% consideraram a corrupção muito grave, 20% ou 24% a consideram grave, e apenas 2% julgam-na como pouco grave — isto é, parece residual o número de brasileiros que secundarizam ou não repudiam a corrupção.

Em segundo lugar, está em movimento, ao mesmo tempo, uma macrorreestruturação dos fundamentos econômicos e sociais da sociedade civil brasileira e um novo ciclo participativo, confirmando o que está se chamando de fóruns híbridos, fazendo a interação entre instituições e movimentos ou representações sociais. Esse processo, seguindo a linha conceitual e de pesquisa de Gosta Esping-Andersen,[10] pode ser pensado como um potencial de construção tardia de uma megaestrutura de Estado de bem-estar social, porém com uma diferença importante: assentada não apenas em burocracias e arranjos corporativos, mas em formas avançadas de democracia participativa.

A reestruturação da sociedade civil e o novo ciclo participativo colidem frontalmente com as tradições de corrupção sistêmica, patrimonialistas e liberais oligárquicas encrustradas no Estado brasileiro. Os privilégios privatistas, a corrupção, as zonas cinzentas de indiferenciação de interesses público e privado são, por natureza, seu grande inimigo. Há, portanto, na realidade e não apenas como consciência, uma pressão inaudita sobre a corrupção no Brasil.

Um terceiro bloco de ideias está no processo inicial, diferenciado e desigual de formação republicana das instituições e dos procedimentos do Estado brasileiro. No que diz respeito à corrupção, é central a construção da Controladoria-Geral da União (CGU) e suas agendas. A CGU tem funcionado, nos anos recentes, como uma espécie de inteligência articuladora, preventiva e sistemática no combate à corrupção no Estado brasileiro.[11]

DOIS OBSTÁCULOS À FORMAÇÃO DA CIDADANIA

Esse processo de formação republicana enfrenta dois grandes obstáculos, sendo o primeiro um domínio privatista e oligopolista dos meios de comunicação de massa, que, sem qualquer regulação democrática, desconectam os processos de formação da cultura cidadã e da opinião pública. Tratam-se de cinco fenômenos mutuamente configurados: grave redução do pluralismo político e cultural; supervocalização de alguns interesses privados e subvocalização de vastos setores sociais; deformação sistemática da objetividade da notícia e, inclusive, de uma legitimação da calúnia como instrumento de ação política; e partidarização indevida ou não revelada de canais e de meios de comunicação que deveriam ser públicos.

É evidente que esse obstáculo à formação da opinião pública em uma sociedade democrática de vastas população e territorialidade incide sobre a percepção do fenômeno da corrupção, em particular devido à nítida matriz liberal que predomina quase inteiramente na mídia empresarial. O risco maior, aqui, é de que esse viés liberal alente fenômenos de desencanto, de anomia e de apatia em relação à participação cidadã que está justamente na base de um processo de formação republicana.

O viés instrumental, parcial ou partidarizado no tratamento da corrupção pela mídia empresarial durante os anos dos governos do presidente Lula tem provocado um fenômeno aparentemente contraditório na consciência dos cidadãos brasileiros. De um lado, as duas pesquisas realizadas constatam: 54% ou 39% julgam que a corrupção cresceu muito durante os governos Lula; 19% ou 33% avaliam que a corrupção cresceu um pouco durante os governos Lula; 16% ou 19% avaliam que a corrupção não cresceu nem diminuiu; e apenas 7% ou 5% julgam que o fenômeno diminuiu durante os governos. Por outro lado, as mesmas pesquisas constatam a seguinte opinião dos brasileiros quando colocados diante de outras alternativas: 75% julgam, nas duas pesquisas, que aumentou o combate à corrupção; apenas 17% ou 15% julgam que aumentou a corrupção e não o combate a ela.

O segundo obstáculo é o financiamento privado dos partidos nas eleições, que renova os circuitos de corrupção e retira substância da representação por super-representar setores sociais minoritários e sub-representar setores sociais majoritários, desconectando o fluxo social de formação da cidadania daquele institucional da democracia brasileira. As eleições no Brasil, segundo estudos especializados, são proporcionalmente as mais caras do mundo, envolvendo grandes contingentes de eleitores, financiamento privado sem controle, disputas individualizadas e interesses de grande vulto econômico.

Nas pesquisas de opinião realizadas pelo Instituto Vox Populi isso se refletiu, de um lado, na adesão aos valores da democracia e, de outro, na desconfiança ou na insatisfação com as instituições da democracia — em particular, o Congresso — e com os políticos. Tais desconexões aparecem inclusive com alguma evidência na consciência popular cidadã.

O desprezo ao interesse público, o elitismo e o preconceito étnico e de gênero sempre foram muito resistentes na civilização brasileira. Fundamos uma república sem soberania popular, sem democracia. Quando retornamos à democracia, os valores e os princípios republicanos estavam sob escombros. Séculos de opressão não se desagregam ao mero sopro cidadão. Privilégios e corrupções sistêmicas são, por força de raiz, resilientes. Há, enfim, que se cultivar a esperança, mas com a condição de que ela seja crítica.

Referências bibliográficas

BERLIN, Isaiah. *Liberty* (ed. by Henry Hardy). Oxford: Oxford University Press, 1966.

BOBBIO, Norberto. *O futuro da democracia. Uma defesa das regras do jogo*. São Paulo: Paz e Terra, 1989.

DUMONT, Louis. *Homo Aequalis, gênese e plenitude da ideologia econômica*. Bauru: EDUSC, 2000.

ENGERMAN, Stanley. *Max Weber as economist and economic historian*. The Cambridge companion to Weber (ed. by Stephen Turner). Cambridge: Cambridge University Press, 2000.

FRALIN, Richard. *Rousseau and representation: a study of political institutions*. Nova York: Columbia University Press, 1978.

HAGE, Jorge. *O governo Lula e o combate à corrupção*. São Paulo: Editora Fundação Perseu Abramo, 2010.

LOCKE, John. *Two treatises of government*. Cambridge: Peter Laslett, 1963.

O'ROURKE, K. C. *John Stuart Mill and freedom of expression. The genesis of a theory*. Londres/Nova York: Routledge, 2001.

SIMPSON, Matthew. *Rousseau's theory of freedom*. Londres/Nova York: Continuum, 2006.

SKINNER, Quentin. *Hobbes and Republican Liberty*. Cambridge: Cambridge University Press, 2008.

SPING-ANDERSEN, Gosta. *The social foundation of pos-industrial economy*. Oxford: Oxford University Press, 1998.

SPITZ, Jean-Fabien. *La liberté politique*. Paris: PUF, 1995.

TEN, C. L. *Mill's On Liberty. A critical guide*. Cambridge: Cambridge University Press, 2008.

WEBER, Max. *Historia económica general*. México: Fondo de Cultura Económica, 1997.

WINGROVE, Elizabeth Rose. *Rousseau's Republican Romance*. Princeton: Princeton University Press, 2000.

WOLLSTONECRAFT, Mary. *A vindication of the rights of women*. Norton Critical Edition.

Notas

1. Ver Isaiah Berlin, *Liberty*. Sobre as origens em Thomas Hobbes do conceito de "liberdade negativa", ver Quentin Skinner, *Hobbes and Republican Liberty*.

2. John Locke, *Two treatises of government*. Ver também Louis Dumont, *Homo Aequalis, gênese e plenitude da ideologia econômica*.

3. C. L. Ten, *Mill's On Liberty. A critical guide*; K. C. O'Rourke, *John Stuart Mill and freedom of expression. The genesis of a theory*.

4. Max Weber, *Historia económica general*. Ver também Stanley Engerman, "Max Weber as economist and economic historian", *The Cambridge Companion to Weber*.

5. Norberto Bobbio, *O futuro da democracia. Uma defesa das regras do jogo*.

6. Para uma primeira crítica do patriarcalismo em Rousseau, ver Mary Wollstonecraft, *A vindication of the rights of women*. Para uma crítica contemporânea, ver Elizabeth Rose Wingrove, *Rousseau's Republican Romance*.

7. Para uma reflexão ao mesmo tempo clássica e esclarecedora do tema da representação em Rousseau, ver Richard Fralin, *Rousseau and representation: a study of political institutions*.

8. Para uma reflexão esclarecedora e crítica da compreensão corrente de Rousseau como jusnaturalista, ver Matthew Simpson, *Rousseau's Theory of Freedom*.

9. Jean-Fabien Spitz, *La liberté politique*.
10. Gosta Sping-Andersen, *The Social Foundation of Pos-Industrial Economy*.
11. Jorge Hage, *O governo Lula e o combate à corrupção*.

Polícia Federal e construção institucional

Rogério Bastos Arantes

É como uma terceira onda: depois dos generais e dos políticos, agora vivemos uma espécie de onda federal.
Luiz Fernando Corrêa, ex-secretário nacional de Segurança Pública (2003-2007), hoje diretor-geral da Polícia Federal

INTRODUÇÃO

Este capítulo trata do processo de reconstrução institucional da Polícia Federal (PF) no Brasil recente, em meio a mudanças mais amplas e igualmente importantes nos sistemas de justiça e de segurança pública no país. Em termos mais específicos, o texto examina três deslocamentos ocorridos no arranjo institucional que congrega ações de combate à corrupção e ao crime organizado. São eles: 1) Da esfera cível para a esfera criminal, 2) Da esfera estadual para a esfera federal e 3) Da desarticulação a um maior adensamento das relações no interior da *web of accountability institutions*,[1] resultando em aumento relativo da eficácia de suas ações.

A hipótese que orienta o exame desses deslocamentos é de dupla natureza, institucional e organizacional: de um lado, tais mudanças podem ser explicadas pelo desenho institucional capaz de propiciar resultados mais efetivos nas esferas criminal e federal; de outro, a maior efetividade depende também da motivação endógena e do empenho das organizações no aumento da eficácia de suas ações e no adensamento das suas relações recíprocas, na *web of accountability*, com vista a superar o isolamento e a imprimir maior consequência às atividades de combate à corrupção.

A conjugação dessas duas dimensões remonta às lições de James Madison em *O Federalista n. 51*,[2] quando afirma que a grande meta de um processo de construção institucional reside em dar aos que administram cada departamento do governo os meios constitucionais necessários e os motivos pessoais para resistir às invasões dos outros. Os mecanismos de defesa devem ser proporcionais aos de ataque, prossegue Madison, e a obtenção dessa proporcionalidade, pode-se dizer, é a chave do sucesso de um arranjo institucional destinado a funcionar de modo sistêmico e equilibrado. Veremos aqui como os descolamentos produzidos no interior do arranjo institucional de combate à corrupção, bem como os ajustes nos procedimentos que regulam ações nessa área, refletem aquele *desideratum* da proporcionalidade.

Outra conhecida lição de Madison diz respeito aos papéis que a ambição e o interesse cumprem no interior das organizações políticas. Da mesma forma, é possível verificar, na atuação dos órgãos de *accountability* no Brasil, que a ambição de uns deve ter o poder de contra-atacar a ambição de outros e que o interesse do homem deve estar associado aos direitos constitucionais do cargo. O empenho por obter mais recursos materiais, garantias institucionais e prerrogativas de ação, a tendência ao protagonismo e à exposição midiática, e a busca por reconhecimento público, mas também os conflitos entre atores que exercem responsabilidades distintas e concorrentes, são elementos que só se tornam compreensíveis à luz da máxima *madisoniana*.

Tendo em vista a questão da efetividade do combate à corrupção e ao crime organizado, propostas de reforma que tenham em mente aperfeiçoar mecanismos nessa área devem estar apoiadas em análise criteriosa das relações entre os atores interessados e o desenho institucional. Especialmente no caso dos mecanismos de *accountability*, pensados para obrigar governos a controlarem a si mesmos, deve-se considerar que o interesse do homem deve estar vinculado aos direitos constitucionais do cargo, como nos ensinou Madison. Nesse sentido, o entendimento das questões institucionais na democracia passa necessariamente pela verificação desse jogo de interesses e de ambições e a análise política de orientação normativa (devotada a reformas) não pode fechar os olhos a essa dimensão. Ferejohn & Pasquino[3] asseveram acertadamente que

> qualquer teoria normativa requer uma teoria positiva que permita desenvolver os cálculos apropriados das ações. Além disso, para que uma teoria normativa seja atrativa, ela deve ser ao menos um pouco plausível, assim como atrativa, à luz da teoria positiva. Ela deve conseguir acertar (ao menos na maior parte das vezes), caso contrário qual seria a atração das prescrições normativas que se apoiam nela?

Os estudos sobre instituições de *accountability* podem se beneficiar enormemente dessa convergência a que fazem referência Ferejohn & Pasquino, e suas prescrições poderão se tornar atraentes, desde que lastreadas por explicações consistentes sobre a interação dos atores em determinados contextos institucionais. Teorias positivas podem desafiar teorias normativas e essas, se quiserem seguir na defesa de mudanças institucionais, devem enfrentar e absorver as descobertas das primeiras. No terreno dos estudos sobre mecanismos de controle do poder político, o primeiro passo, nessa direção, deve ser realizar um criterioso mapeamento das instituições e dos atores que promovem *accountability*, seus interesses e as interfaces que mantêm no interior do sistema mais amplo.[4]

Por essas razões, prefiro pensar na relação entre essas perspectivas na forma de uma *espiral* pela qual, a cada movimento de ampliação do conhecimento sobre a ação dos atores e os efeitos das instituições, logra-se a possibilidade de reposicionar a perspectiva de reformas sobre essas mesmas instituições. Em suma, mais vale apostar na convergência entre ambas as perspectivas do que na esterilização de uma pela outra.

O estudo das instituições de *accountability*, especialmente as destinadas ao combate ao crime organizado e à corrupção, pode se beneficiar dessa convergência. É o que tentaremos pôr em prática nas próximas seções.

POLÍCIA FEDERAL E COMBATE À CORRUPÇÃO E AO CRIME ORGANIZADO[5]

O problema da corrupção tem ocupado lugar central no debate público brasileiro.[6] Da mesma forma, tem sido grande o interesse pela *web of accountability institutions*,[7] responsável pelo monitoramento, pela investigação, pela persecução civil e criminal e pela punição de atos de corrupção e de improbidade administrativa. A cena brasileira dos "controles democráticos" tem se caracterizado por uma significativa variedade institucional e uma grande diversidade de atores e de processos voltados para a promoção da *accountability*.[8]

Uma coletânea organizada por Speck[9] já havia apresentado os avanços obtidos por instituições específicas nessa área. O trabalho fora orientado pelo conceito de "sistema nacional de integridade", adotado pela Transparência Internacional como forma de designar, de modo holístico, o conjunto dos atores públicos e privados envolvidos no controle da corrupção. Embora o estudo tenha concluído que a simples proliferação de mecanismos de controle não é garantia suficiente para a formação de um sistema eficaz, o quadro resultante das análises mostrou-se bastante promissor, em função do grau de aprimoramento a que chegaram diversas instituições individuais.[10]

É fato que, como demonstrou Taylor,[11] a "ortodontia imperfeita" que ainda caracteriza o arranjo institucional tomado globalmente leva a um sem-número de "mordidas ineficazes", que não resultam em processos efetivos de apuração e de punição. Mais recentemente, Loureiro[12] demonstrou a importância crescente dos Tribunais de Contas, do Judiciário e do Ministério Público no controle da burocracia pública, superando até mesmo o Legislativo nessa que seria uma de suas funções precípuas.

O controle realizado por burocracias não eleitas tem se mostrado mais importante no Brasil que a visão idealizada de políticos eleitos controlando burocratas. De certo modo, nossa teia de instituições de *accountability* evoluiu muito mais pela via da conquista de autonomia e de atribuições por parte de instituições individuais (burocráticas, administrativas e judiciais) voltadas para o papel de controle, que propriamente pela ideia de um sistema integrado e racionalizado do ponto de vista de procedimentos e processos. O que há de articulação entre elas, quase sempre, deve-se ao voluntarismo de seus integrantes.

A experiência da atuação da Polícia Federal no Brasil nos últimos anos constitui mais um exemplo de organismo estatal que se lança à tarefa de controle da administração pública, via investigação e persecução penal da corrupção e do crime organizado. Mais que isso, dado que a PF tem buscado atuar em conjunto com outras instituições, a análise de seu protagonismo recente nos permite examinar igualmente possibilidades e limites de cooperação e de integração no interior da *web of accountability*.

Embora a prática de dar nomes próprios às operações que conduz tenha origem remota, a PF passou a fazer uso desse expediente de maneira sistemática a partir de 2003, ocupando-se inclusive do registro das informações básicas e da publicação de breves resumos das ações.[13] O Gráfico 1 apresenta a evolução crescente do número de operações entre 2003 e 2009.

Gráfico 1. Operações da Polícia Federal (2003-2009)

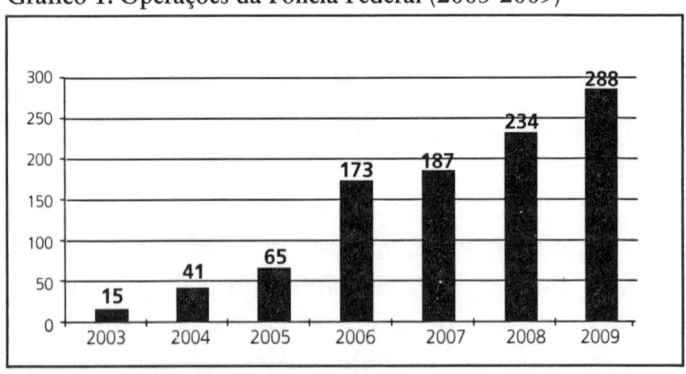

Fonte: Elaborado pelo autor (Banco de Dados: Operações da Polícia Federal no Combate à Corrupção e ao Crime Organizado).

Não constitui objetivo deste capítulo um exame detalhado dessas operações — o que foi realizado em outro estudo.[14] Entretanto, na maioria dos casos, o que a PF chama de "operação" é a execução de mandados de prisão ou de busca e apreensão, expedidos pela Justiça após um período de investigação que pode durar semanas ou meses e que quase sempre conta com a participação do Ministério Público ou de outros órgãos, como Receita Federal, Ministério da Previdência Social, polícias esta-·duais, fiscais e funcionários de órgãos controladores e de agências reguladoras. Nesse aspecto, embora a fase policial das operações tenha maior visibilidade, muitas decorrem da articulação e do trabalho prévio de uma *task-force*.

As operações da PF podem ter caráter repressivo, mas, na maioria das vezes, constituem uma etapa do processo de investigação em que o levantamento de indícios já se mostrou suficiente para deslanchar prisões temporárias e apreensão de bens, recursos e documentos em poder dos investigados. Em geral, têm início às 6h e podem envolver grandes efetivos policiais, muitas vezes deslocados de diversos estados para o local onde se dará a operação. O número de pessoas presas chegou a 10 mil em mil operações realizadas desde 2003 (uma média de dez presos por ação ou quase 1.500 pessoas por ano).

O aspecto simbólico de nomear as operações é outro ponto a ser destacado. De modo bastante criativo, muitos nomes são retirados da Bíblia ou da mitologia grega, outros são provenientes de línguas indígenas ou do folclore local e muitos são trocadilhos bem-humorados desenvolvidos a partir do próprio crime desvendado. O fato é que causam impacto junto à opinião pública e mobilizam a atenção e a cobertura da mídia (quando ela mesma não participa diretamente da operação). A estratégia parece bem-sucedida: um *survey* nacional conduzido pelo Centro de Referência do Interesse Público da Universidade Federal de Minas Gerais e pelo Vox Populi em 2008 revelou como a população não apenas tem maior conhecimento das operações da PF em comparação às ações do Congresso, do Judiciário e da Controladoria-Geral da União nessa área como as considera mais efetivas que as conduzidas pelas demais instituições (ver Gráfico 2).

O significado expresso pelo nome próprio sinaliza o sentido da operação e induz o resultado provável em termos de culpabilidade dos envolvidos, além de promover uma espécie de economia da informação junto à mídia e à opinião pública, pois organiza a transferência de informações entre a corporação e o meio externo, permitindo sobretudo que os órgãos de imprensa realizem um acompanhamento mais sistemático e permanente do desenrolar das operações. E, de modo inverso, esse marcador tem permitido ao setor de comunicação da própria PF monitorar o grau de sua exposição na mídia e de repercussão pública de suas ações.

Gráfico 2. Visibilidade e efetividade de ações das instituições no combate à corrupção (2008/2009)

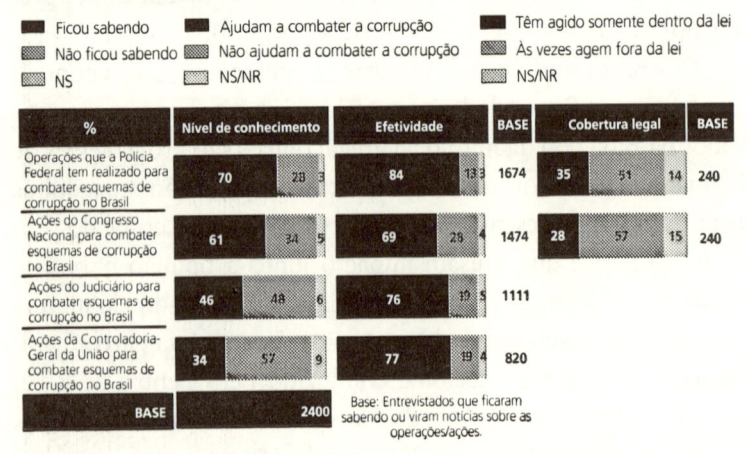

Fonte: Centro de Referência do Interesse Público/Vox Populi, 2008 e 2009.

Uma análise das operações[15] revelou a existência de ao menos cinquenta tipos de crimes combatidos pela Polícia Federal, sendo a corrupção pública o mais frequente deles. Mediante autorizações judiciais e sob fiscalização ou participação ativa do Ministério Público, a PF desencadeou operações contra políticos corruptos em todos os níveis da federação e ramos de governo. Também já atingiu juízes e policiais de todas as corporações existentes no Brasil, inclusive ela própria. De funcionários da Previdência Social ao Instituto Brasileiro do Meio Ambiente, do Tribunal de Contas da União a departamentos estaduais de trânsito, operações atingiram servidores públicos corruptos nos mais diversos pontos da administração pública.

Na esfera privada, organizações criminosas e simples cidadãos, passando por empresários, grandes banqueiros e profissionais liberais, foram presos e acusados dos mais diversos tipos de crimes: de lavagem de dinheiro a tráfico de drogas, de contrabando de mercadorias ao aliciamento de mulheres para prostituição no exterior, de conflitos por posse de terra indígena a pedofilia, de falsificação de remédios e combustíveis a pesca predatória da lagosta, de desmatamento irregular a extração ilegal de fósseis, de rádios clandestinas a falsificação de leite em pó, de fraudes em vestibulares a furtos de contas bancárias pela internet, de grupos de extermínio e milícias armadas a jogo ilegal, de crimes eleitorais a exploração sexual infantil, de pirataria a roubo de cargas e tráfico de animais silvestres.

Até as altas cúpulas da República estiveram na mira e nas escutas dos federais: o irmão do presidente Lula esteve envolvido na operação Xeque-Mate, ministros de Estado caíram por operações da Polícia Federal, juízes do Supremo Tribunal Federal tiveram conversas telefônicas grampeadas, senadores e deputados viram-se enredados por diversas ações e até a própria Polícia Federal teve seu segundo homem na hierarquia preso na operação Toque de Midas.

Por outro lado, a transformação das operações em espetáculos de mídia tem despertado igualmente a reação de políticos e também de juízes e advogados. Estes têm acusado excessos da polícia na condução de diversas operações. De fato, prisões autorizadas em caráter preventivo ou provisório, sob as lentes da TV, ganharam aspecto de prisão em flagrante, antecipando assim a culpa dos acusados. Criminosos comuns, grandes empresários e figuras públicas têm sido levados em camburões, usando algemas, sob a mira de armas e câmeras. As imagens são veiculadas em escala nacional e, de fato, emprestam apoio às ações policiais e geram, mesmo que pelos efêmeros instantes do tempo midiático, a sensação de que algo foi feito contra a impunidade de corruptos e de criminosos.

O emprego das escutas telefônicas transformou-se em uma ferramenta fundamental e amplamente utilizada pela PF, mas a proliferação do grampo país afora levou o Congresso a instalar uma CPI sobre o assunto em 2008, e o Conselho Nacional de Justiça a estabelecer, no mesmo ano, regras mais rigorosas para a autorização por juízes de escutas telefônicas e de quebras de sigilo de meios eletrônicos de comunicação. Tais medidas guardam correspondência com o que se passa entre a opinião pública, pois o mencionado *survey* do Crip/ Vox Populi registra que, de 2008 a 2009, o percentual daqueles que consideravam que a PF agia somente dentro da lei se inverteu, saindo de 55% que atestavam em 2008 a legalidade das ações da polícia para apenas 35% em 2009; em sentido contrário, 51% dos entrevistados em 2009 consideraram que a PF "às vezes agia fora da lei", percentual que era de apenas 37% em 2008.

Não se pode afirmar a direção causal da sintonia encontrada entre a opinião pública e as reações do Congresso e do Conselho Nacional de Justiça ao que consideraram abuso de poder nas operações policiais, mas é importante destacar como as medidas de contenção adotadas enquadram-se na lógica madisoniana que inspira a presente análise, segundo a qual a ambição de uns deve poder contra-atacar a ambição de outros e a proporcionalidade dos meios de ataque e de defesa é algo que as instituições devem sempre perseguir no interior do sistema de *checks and balances*.

A latitude das operações indica que a PF está potencializando ao máximo seu mandato constitucional, mas, como todas elas ocorrem por mandado judicial e quase sempre contam com a coparticipação de outras instituições, é necessário examinar esse novo protagonismo simultaneamente à luz da hipótese sobre o maior grau de articulação atingido no interior dessa teia institucional da *accountability*. É o que faremos na sequência.

A DIMENSÃO ORGANIZACIONAL DA POLÍCIA FEDERAL

Esta seção analisa os três deslocamentos institucionais ocorridos no sistema de justiça e de segurança pública mencionados na introdução. Como a hipótese que orienta o exame desses deslocamentos tem dupla natureza — institucional e organizacional —, começaremos pela segunda dessas dimensões, analisando o processo de renovação pelo qual passa a Polícia Federal.

Comparativamente a outros órgãos públicos, pode-se dizer que a PF tem uma constituição histórica recente. No entendimento da própria corporação,[16] sua origem mais remota encontra-se no Departamento Federal de Segurança Pública (DFSP), criado em 1944, no final do período do Estado Novo, mas suas funções eram exercidas nos limites geográficos do Distrito Federal. Com a redemocratização do país em 1945, o então DFSP ganhou atribuições de âmbito nacional — especialmente o combate ao tráfico de drogas e a crimes contra a fé pública, envolvendo a Fazenda Nacional —, mas a Constituição promulgada em 1946 adotou um federalismo com forte orientação estadualista, o que conflitava com a existência de um organismo policial de tipo nacional. Por essa razão, a carta de 1946 não incorporou o DFSP como órgão de polícia federal, e as atividades policiais civis e militares permaneceram como prerrogativas dos estados.

Mais tarde, com a mudança da capital federal para Brasília (em 1960), o DFSP quase desapareceu, uma vez que boa parte de seus funcionários pôde optar por permanecer na cidade do Rio de Janeiro.[17] É importante ressaltar que ao longo da história política brasileira, a organização das forças policiais sempre constituiu um ponto nevrálgico no equilíbrio federativo entre União e estados. Nos períodos de maior descentralização federativa, a ideia de uma força policial civil, com jurisdição nacional e atribuição para agir em todos os estados, sempre foi rechaçada pela elite política. Assim, a atuação recente da PF nos marcos constitucionais de 1988, tal como descreveremos adiante, caracteriza de fato uma grande novidade em relação a essa tradição.

Por meio da Lei 4.483, o governo militar pós-1964 emprestou jurisdição nacional à PF. Embora isso não tenha significado, segundo Rocha,[18] aportes de pessoal e de estrutura operacional, a data de edição dessa lei (16/11/1964) foi adotada pela própria corporação como dia de seu nascimento. A atribuição de jurisdição nacional a um departamento que exercia suas funções apenas na capital federal ajuda a entender o motivo da escolha de tal data comemorativa.

Em 1967, no bojo das reformas do aparato de segurança do Estado, realizadas pelos militares, o DFSP recebeu finalmente a denominação de Departamento de Polícia Federal, tal como é designada até hoje. Todavia, como demonstra Rocha,[19] o investimento militar em polícia política, segurança pública e segurança nacional direcionou-se muito mais para a unificação e o fortalecimento das polícias militares estaduais, sob o comando do próprio Exército, fazendo com que a PF permanecesse num plano secundário. Nas palavras do mesmo autor, durante o regime militar a "PF operava pouco e não era protagonista", com exceção apenas de sua presença mais destacada nas operações de censura junto a jornais e ao meio artístico em geral.[20]

Para fins de repressão política, o regime contou muito mais com os Destacamentos de Operações de Informações (DOIs), braços operacionais do Serviço Nacional de Informação (SNI), e, nos estados, com os Departamentos de Ordem Política e Social (Dops), ligados às polícias civis estaduais. A condição secundária da PF sob o regime autoritário teria legado à instituição uma situação ambígua no momento em que o país iniciou sua trajetória de redemocratização: uma imagem comparativamente menos negativa que aquela dos demais organismos de segurança do Estado, mas uma estrutura organizacional e operacional bem mais precária também.

A Constituição de 1988 foi a primeira a mencionar explicitamente a Polícia Federal, por meio do artigo 144, estabelecendo também suas principais competências. Subordinada ao Executivo, no âmbito do Ministério da Justiça, e colocada ao lado das polícias civis e militares estaduais e das polícias rodoviária e ferroviária federais, a Polícia Federal foi contemplada com dois elementos fundamentais à sua institucionalização: o caráter de órgão permanente e a estruturação em carreira. No primeiro caso, significa dizer que a organização, mesmo subordinada ao Executivo, não pode ser dissolvida pelo governo. No segundo caso, "carreira" indica que haverá regras para o acesso e o preenchimento dos cargos, provável hierarquia entre eles, previsão de critérios de ascensão e existência de faixas salariais, subdivisões organizacionais internas e fixação de competências entre seus membros. Nada disso estava constitucionalmente garantido antes de 1988.

A mesma Constituição estabeleceu funções gerais e específicas para a PF. Dentre as primeiras, cabe o agir nos casos de crimes contra a "ordem política e social" — um resquício dos tempos da ditadura — e também proteger os bens, serviços e interesses da União, função para a qual não encontramos similar nas polícias estaduais. Em outras palavras, a Polícia Federal pode ser considerada uma polícia patrimonial do governo da União. Dentre as funções específicas, a Constituição estabeleceu que cabe à PF realizar ações de prevenção e de repressão ao tráfico de drogas e ao contrabando, atribuições que remontam à sua criação como Departamento, em 1944. Cabe destacar que o adjetivo "federal" encontrou finalmente seu sentido etimológico: cabe à instituição apurar as infrações que tenham repercussão interestadual e exijam repressão uniforme nos estados envolvidos. À luz da precária condição institucional da Polícia Federal até 1988 — relacionada às históricas dificuldades de formar um corpo policial com jurisdição nacional sob regime federativo —, essa definição constitucional significou um avanço importante, pois autorizou o Executivo Federal a dispor de uma força capaz de atuar, sob seu comando, junto às unidades subnacionais. E ultrapassando os planos federativo e nacional, crimes de dimensão internacional também estão reservados à PF, que se encarrega igualmente de exercer as funções de polícia marítima, aeroportuária e de fronteiras.

Desconsiderado o pessoal administrativo, a Polícia Federal dispõe atualmente de 11.312 membros em atividade, dentre delegados, peritos, agentes, escrivães e papiloscopistas.[21] Desse total, ao menos 61% ingressaram na instituição a partir de 1995, e 38% a partir de 2003 (ver Gráfico 3), números que indicam um significativo processo de renovação. A média de idade dos ingressantes, desde 2002, pode ser considerada bastante baixa (31,6 anos) por comparação a outras carreiras jurídicas federais (ver Gráfico 4). Os salários dos policiais federais estão entre os maiores dentre as carreiras civis do Poder Executivo Federal. Delegados e peritos recebem salário de R$ 13.368,68 no início da carreira, podendo chegar a R$ 19.699,82 ao final dela — valores equivalentes aos dos advogados da União ou dos auditores fiscais da Receita Federal e muito superiores àqueles recebidos pelos defensores públicos federais ou docentes de universidades públicas federais (em valores de agosto de 2010).[22]

Gráfico 3. Ingressos na Polícia Federal (1995-2009)

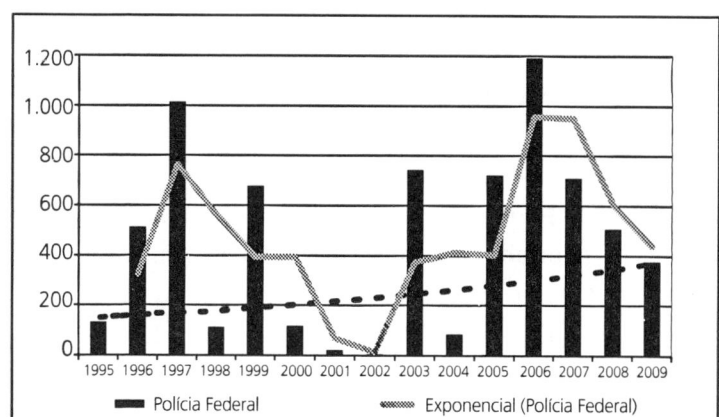

Gráfico 4. Idades de ingresso em organismo federais comparadas

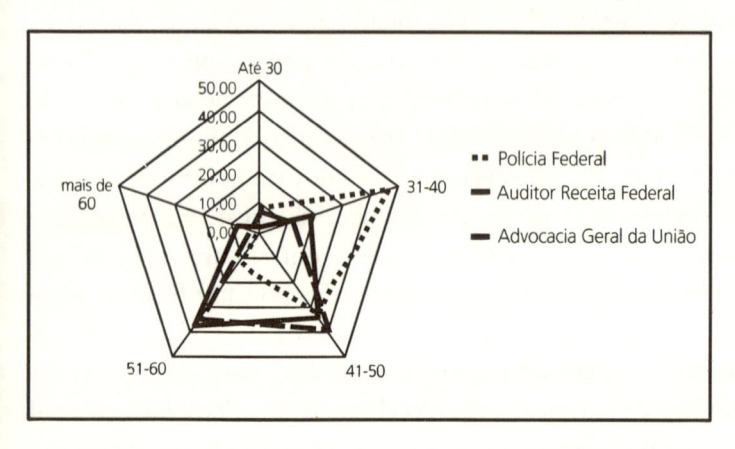

Embora a estrutura operacional da Polícia Federal não disponha de uma rede muito capilarizada de delegacias, o orçamento da corporação e o contingente de policiais federais e demais funcionários cresceram significativamente nos últimos anos. Em 2002, no primeiro ano do governo Lula, o orçamento da instituição era de 1,848 bilhões de reais. Desde então, cresceu a cada ano até praticamente duplicar-se, atingindo 3,446 bilhões de reais em 2008.

O quadro de integrantes da Polícia Federal conheceu um profundo processo de renovação graças a uma série de concursos públicos realizados em duas levas, uma primeira e mais modesta no governo de Fernando Henrique Cardoso e outra mais forte sob o governo Lula (ver Gráfico 2). Desde 2001 (período para o qual dispomos de dados mais precisos), foram abertas nada menos que 7.841 vagas, e 5.260 haviam sido preenchidas até 2008. Em 2001 e 2004, 1.102 vagas foram abertas para o topo da carreira — o cargo de delegado de Polícia Federal — e quase a metade delas foi efetivamente preenchida. Para esse cargo, é indispensável que o candidato seja bacharel em direito.

Em seguida, na hierarquia da instituição, vem o cargo de perito criminal, função para a qual foram abertas 666 vagas, entre as quais 365 foram preenchidas até 2008. Para esse cargo, na verdade, as vagas foram abertas para quase vinte tipos de categorias profissionais, tais como engenheiros, contadores, economistas, médicos, analistas de sistemas, odontólogos, farmacêuticos, geólogos e até físicos. Em terceiro lugar na hierarquia, tem-se o agente federal, cargo para o qual foram abertas 2.757 vagas, das quais 60% foram preenchidas até 2008. Para ser agente federal, é necessário ter curso superior, mas o edital não faz exigência de profissões específicas, como no caso dos peritos criminais. Os escrivães de polícia aparecem em quarto lugar na hierarquia, sendo que 669 ingressaram na organização no período pós-2001, depois que os editais abriram 1.341 vagas para esse cargo. Também aqui há exigência de curso superior, mas não se especifica a formação profissional. Por fim, foram abertas 337 vagas para papiloscopistas, e preenchidas 280 delas até 2008.

Outro aspecto importante do fortalecimento institucional da Polícia Federal diz respeito ao fato de que, até 2004, a corporação não dispunha de um quadro administrativo próprio. Naquele ano, finalmente, 1.638 vagas foram abertas para compor esse quadro administrativo e diversos tipos de profissionais foram contratados, desde administradores a assistentes sociais, passando por contadores, engenheiros, médicos, psicólogos, jornalistas, pedagogos e até filósofos e cientistas sociais.

O resultado final desse processo é que se dispõe, hoje, de uma PF bastante renovada e aparelhada como nunca antes. A situação é bem diferente daquela descrita por Mingardi[23] nos anos 1990, quando a corporação dispunha de "apenas 16 agentes para cuidar das questões de tráfico em toda a Grande São Paulo", quando "a PF de São Paulo esteve em vias de ser despejada, por falta de pagamento dos aluguéis atrasados" ou quando ficou vários anos "sem realizar concursos para preenchimento das vagas", acarretando problemas de especialização e fazendo com que o mesmo policial que atuava no combate ao tráfico de drogas tivesse de ser deslocado para resolver problemas em uma reserva indígena.[24] Não cabe dúvida de que o fortalecimento recente da organização está na raiz de seu maior ativismo nos últimos anos, mas, dado o baixo grau de institucionalização prévio, tais avanços somente podem ser creditados à decisão política do Poder Executivo de realizar esse investimento.

Ao que tudo indica, a experiência recente de maior protagonismo da Polícia Federal não se explica, como se deu com o Ministério Público, pelo desenvolvimento de uma ideologia do "voluntarismo político",[25] capaz de socializar seus membros na missão de defender uma sociedade supostamente hipossuficiente frente a um Estado supostamente corrompido — ideologia que foi responsável também por informar o cerne da legislação relativa a direitos difusos e coletivos produzida no Brasil desde meados dos anos 1980, responsável, por sua vez, por reservar um papel de destaque ao Ministério Público. Embora a PF disponha de um *esprit de corp*, ele não se assemelha ao que se passou com promotores de justiça, que amalgamaram interesses corporativos a valores de protagonismo social e político.

Comparativamente ao Ministério Público e ao Judiciário, o grau de institucionalização das polícias no Brasil é relativamente baixo e isso se deve a vários fatores, desde a relação de subordinação ao Executivo até ao fato de, entre as três carreiras jurídicas, a de delegado de polícia ser a menos prestigiada desde os bancos escolares. Historicamente, as polícias têm sido mais afetadas que as demais instituições do campo judicial pelos problemas da corrupção e do abuso de poder, e perante a população sua imagem é ambígua, quando não puramente negativa. Notícias de violências e de torturas praticadas por policiais, envolvimento com o crime organizado e práticas corruptas são extremamente frequentes e ajudam a construir essa imagem.

O protagonismo assumido pela PF no combate à corrupção e ao crime organizado marcou uma novidade institucional muito significativa, especialmente se for considerado o quadro histórico apontado anteriormente. Todavia, o novo patamar de atuação da Polícia Federal não tem causa endógena como se deu com o Ministério Público, mas é decorrência de estímulos externos e de uma nova política adotada pelo Executivo Federal, ao final do governo FHC e principalmente sob o governo Lula. É fato que os reforços constitucionais dados à corporação em 1988 ajudam a explicar esse novo protagonismo e é provável que o interesse corporativo de afirmar-se como organização perante os demais atores do sistema de justiça e mesmo diante da sociedade tenha cumprido papel *madisoniano* nesse processo, mas os elementos normativos estavam presentes desde 1988 e somente mais de uma década depois ganharam vida. Para tanto, foi necessário que o sopro do Executivo, por meio de seu Ministério da Justiça, desencadeasse um processo de renovação dos quadros da PF, de aparelhamento material e de recursos humanos. Igualmente, foi uma decisão política exógena à corporação aquela que autorizou os federais a liderarem mais de mil operações de combate ao crime organizado e à corrupção nesse período e que assegurou sua continuidade frente às críticas e às reações dos demais poderes.

Neste trabalho, considera-se que esse protagonismo guarda relação com uma importante mudança no longo ciclo da transição democrática brasileira, que desde seus primórdios foi presidida pelo signo dos direitos humanos. Este signo foi fundamental para desmontar o aparato autoritário e fazer com que o exercício do poder retornasse minimamente aos marcos do estado de direito. Todavia, por razões que não cabe explorar neste texto, o mesmo signo não se mostrou igualmente bem-sucedido na orientação de processos de reforma estrutural do sistema de segurança pública e, particularmente, das polícias. Sinaliza-se, com esse argumento, que o protagonismo policial recente parece revelar uma mudança de paradigma, pela qual a ideia de contenção das forças policiais dá lugar a seu fortalecimento e sua autonomização, para fazer frente aos desafios de combater o crime organizado e a corrupção.

Em termos de reconhecimento por parte da opinião pública, o maior ativismo da Polícia Federal não poderia ter obtido melhor resultado: uma pesquisa nacional patrocinada pela Associação dos Magistrados Brasileiros, realizada em junho de 2008, revelou que a Polícia Federal gozava de um saldo positivo de confiança de 46%[26] dos entrevistados, percentual superior ao Ministério Público (30%) e ao Judiciário (19%), e bastante próximo das instituições mais confiáveis aos olhos dos brasileiros, a Igreja Católica (48%) e as Forças

Armadas (63%). Em geral, os *surveys* de avaliação institucional não distinguem os diferentes organismos policiais e a rubrica "Polícia" sempre ocupou os extratos inferiores nos *rankings* de confiança. Na pesquisa da AMB foi possível avaliar individualmente a Polícia Federal e, para uma organização que iniciou há pouco a trajetória de maior exposição pública, o resultado pode ser considerado surpreendentemente positivo.

DESENHO INSTITUCIONAL E DESLOCAMENTOS NO INTERIOR DO SISTEMA DE JUSTIÇA E DE SEGURANÇA PÚBLICA

Os avanços de 1988 na definição constitucional da Polícia Federal permaneceram hibernados até que o Executivo decidiu pela renovação e pelo reaparelhamento da corporação, incentivando-a a um novo desempenho no combate ao crime organizado e à corrupção. Contudo, essa visão do período só se completa se considerarmos que a aposta inicialmente feita não foi o combate à corrupção pela via policial, mas, sim, pela via cível, liderada pelo Ministério Público nos estados, com apoio muitas vezes de partidos políticos e de organizações sociais. Todavia, o baixo grau de efetividade judicial desse modelo parece ter inspirado a decisão política de convocar a Polícia Federal para agir diretamente na investigação e na persecução penal de corruptos e de organizações criminosas, não apenas no nível da União, mas dos estados e municípios. Será examinado nesta seção o desenho institucional em que ocorreram tais deslocamentos.

Em termos gerais, a evolução desse sistema a partir de 1988 pautou-se por uma crescente independência e pelo fortalecimento organizacional dos agentes que o compõem — Judiciário, Ministério Público, polícias, corpo de advogados —, mas a integração entre eles sempre foi problemática, afetando o grau de eficiência sistêmica. A Constituição de 1988 lançou bases muito promissoras para o desenvolvimento corporativo dessas instituições, mas se ocupou bem menos da racionalização de suas interações possíveis e necessárias. Depois de vinte anos de experiência, o resultado global tem sido uma combinação de elevado número de inquéritos/processos judiciais com igual sensação de impunidade decorrente da falta de efetividade do sistema de justiça.

O quadro institucional em que Polícia Federal e Ministério Público atuam para combater a corrupção é bastante complexo. Em primeiro lugar, é necessário considerar a forma triangular que preside as relações entre polícia, Ministério Público e Judiciário ao longo do processo de investigação, indiciamento, ação penal e sentenciamento de supostos criminosos. No sistema brasileiro, o juiz permanece inerte até ser provocado pelo Ministério Público ou por advogados nomeados pela parte interessada. No caso da ação penal pública, cuja proposição é monopólio do Ministério Público, esse depende do trabalho de investigação que será desenvolvido pela polícia, que, por sua vez, depende de autorização judicial para lançar mão de medidas mais contundentes contra os investigados na fase de apuração de supostos crimes. Como o país é federativo e o Judiciário se organiza em três ou quatro níveis, tais medidas podem ser revistas e suspensas por tribunais estaduais ou federais — dependendo do caso —, o mesmo acontecendo com os processos criminais inaugurados pelo Ministério Público e sentenciados pela Justiça de primeiro grau.

Em segundo lugar, atos de corrupção praticados por agentes políticos podem receber até três tratamentos distintos à luz do direito brasileiro: o político, o judicial de tipo criminal e o judicial de tipo cível.[27] O tratamento político considera o ato de corrupção como crime de responsabilidade, ensejando o processo de *impeachment*, que pode levar à perda do cargo e à suspensão dos direitos políticos. Apesar de processos de *impeachment* de prefeitos, governadores e presidente ocorrerem no âmbito dos respectivos legislativos e, nesse sentido, dependerem essencialmente da correlação existente entre forças políticas, os procedimentos são revestidos de caráter judicial (com regras e garantias de plena defesa) e os parlamentos quase se assemelham a tribunais, para evitar o facciosismo ou a tirania do Legislativo contra o Executivo. Como nos alertava Madison, as medidas de defesa devem ser proporcionais àquelas de ataque.

A segunda forma de tratamento diz respeito ao ato de corrupção como tipificado no Código Penal. Nesse caso, a condenação do réu pode levá-lo à reclusão de um a oito anos, além da perda do mandato e do pagamento de multa. Da mesma forma que o *impeachment*, o julgamento da corrupção como crime comum — até pela gravidade da pena — reveste-se de garantias especiais: o acusado não é julgado pela primeira instância da justiça e goza da prerrogativa de foro especial, isto é, de ser julgado por um tribunal de segundo grau ou superior, dependendo de sua posição na hierarquia federativa (se ocupante de cargo pertencente à União, estados ou municípios). Nesses casos, a acusação também ficará concentrada nas mãos do procurador-geral de Justiça dos estados ou do procurador-geral da República no plano federal, dependendo da situação. O princípio do foro especial visa impedir que a justiça de primeira instância, monocrática, seja utilizada como instrumento de guerra política entre facções.

No pós-1988, a grande inovação brasileira na área de combate à corrupção parecia ter sido a criação de uma terceira forma de tratamento, qualificando-a como ato de improbidade administrativa. Essa nova forma, prevista pela Constituição de 1988 e instituída pela Lei 8.429, de 1992, buscava produzir o mesmo impacto dos processos político e judicial comum, sem depender das contingências do primeiro (correlação de forças no Legislativo) nem tão limitado por prerrogativas legais do cargo, como o segundo. Enquadrando o caso como improbidade administrativa, promotores de justiça de primeira instância podem processar qualquer autoridade política em qualquer ponto da hierarquia governamental. Se condenado em ação civil pública por improbidade administrativa, o acusado perde o mandato e tem seus direitos políticos suspensos por oito a dez anos, além de ser obrigado a ressarcir os cofres públicos. Por não qualificar a corrupção como crime, essa terceira hipótese permite que ocupantes de cargos executivos — de prefeito a presidente da República — sejam julgados na primeira instância da justiça, sem o privilégio do foro especial em tribunais superiores.[28]

Por outro lado, por se tratar de processo cível, acusados de improbidade administrativa não podem ser presos preventivamente nem as sentenças judiciais finais implicam perda de liberdade. Também a polícia e o Judiciário não se envolvem na etapa inicial de investigação, restrita ao promotor ou procurador de justiça, pois estão em jogo apenas os aspectos cíveis, e não criminais, da improbidade cometida.

De fato, a inovação brasileira ao criar uma terceira forma de combate à corrupção ensejou um intenso ativismo de promotores de justiça espalhados pelos vários estados brasileiros, que elegeram a ação civil pública como instrumento de *accountability* dos ocupantes de cargos públicos, na crença de que se tratava de uma forma mais rápida e eficaz de combater a corrupção, comparativamente aos tratamentos político e judicial de crime comum. Entretanto, um balanço de quase vinte anos de experiência com esse tipo de ação é capaz de demonstrar os parcos resultados obtidos e seu baixo grau de efetividade processual. A título de exemplo, a Promotoria de Justiça da Cidadania de São Paulo, responsável pelas ações de improbidade, patrocinou 764 delas no período 1992-2009 e chegou a cobrar o montante global de 32,1 bilhões de reais em ressarcimento aos cofres públicos, além das diversas sanções que a lei estabelece nesses casos. Embora tenha conseguido algumas condenações em primeira instância, nenhuma das ações consideradas procedentes teve, até o momento, julgamento definitivo.[29]

Essa baixa efetividade da esfera cível estadual é uma das importantes razões que têm levado ao deslocamento da questão de volta à esfera federal e criminal.[30] A hipótese desta análise sobre o crescimento do número de operações policiais federais — com a participação de promotores de justiça e aval de magistrados — no combate à corrupção política e ao crime organizado nos últimos anos é que o fato reflete uma mudança de estratégia diante dos parcos resultados obtidos pela via dos processos de improbidade administrativa nas justiças estaduais, com base em que aquilo que parecia ser uma vantagem converteu-se em fragilidade: ações de improbidade dispensam envolvimento da polícia e escapam ao foro privilegiado e aos rigores do Código Penal, mas a lentidão da justiça brasileira, a inúmera quantidade de recursos protelatórios e os vários graus de jurisdição têm propiciado aos advogados de defesa explorarem ao máximo as oportunidades de retardamento de sentenças condenatórias, quando não sua inviabilização. Não que o retorno ao tratamento do problema como crime comum escape às mesmas condições, mas as investigações podem envolver mecanismos mais eficazes de obtenção de provas e de imposição de custos, tais como escutas telefônicas, mandados de busca e apreensão e prisões preventivas ou temporárias.

Tais medidas acarretam uma forma de condenação antecipada perante a opinião pública, especialmente quando os diálogos gravados são expostos pela imprensa ou a imagem das pessoas presas é amplamente veiculada, e podem abalar efetivamente o funcionamento do esquema criminoso, se as provas recolhidas por esses meios forem fortes a ponto de suscitar o bloqueio dos bens dos envolvidos ou de estender por mais tempo a prisão temporária.

Todavia, diferentemente da via cível de tratamento do problema da corrupção — em que o Ministério Público não necessita das investigações da polícia ou da autorização da Justiça para conduzir o inquérito civil e reunir os elementos necessários à proposição da ação civil pública —, na via criminal a investigação e a acusação do crime de corrupção desafiam a triangulação entre delegados de polícia, promotores/procuradores e juízes no que diz respeito à solicitação, concessão e execução de diversos procedimentos.

Um *survey* realizado pelo Idesp com delegados de Polícia Civil, em 2003, detectara que uma de suas principais queixas em relação às reformas de 1988 se relacionava à impossibilidade de realizar busca domiciliar sem mandado judicial, algo que faziam antes da nova Constituição.[31] Ressentiam-se da perda de poder daí decorrente, do prejuízo aos trabalhos de investigação e da subordinação à autoridade judicial.[32] Hoje, essa dificuldade parece ter sido superada não por qualquer reforma na legislação, mas por uma maior articulação e sintonia de propósitos entre as três instituições diretamente envolvidas com os processos judiciais.

Essa é, sem dúvida, uma das principais novidades no âmbito do sistema de justiça no Brasil recente, até então habituado a ver muito mais desconfiança e conflito que cooperação entre seus agentes principais. Além da esfera propriamente judicial, a análise das operações da Polícia Federal[33] revelou também que em 43% delas a instituição estava acompanhada por fiscais da Receita Federal e agentes do Banco Central, da Previdência Social, do Ministério do Meio Ambiente e de outros órgãos públicos, o que demonstra a existência de maior articulação na rede de instituições de *accountability*.

Outro deslocamento importante no interior desse arranjo institucional diz respeito à federalização, entendida como centralização na União. Antes mais concentrado no plano estadual — em que promotores eram os protagonistas por meio de ações civis públicas —, o combate à corrupção foi assumido pelo governo central como uma de suas funções precípuas. Um dado significativo da análise das operações da Polícia Federal é que 60% delas transcorreram em estados individuais, enquanto a Constituição reza que é atribuição da instituição atuar nos crimes de repercussão interestadual.

Em outras palavras, a centralização do combate à corrupção e ao crime organizado pela União está transformando a Polícia Federal em uma polícia civil de jurisdição efetivamente nacional, com capacidade de intervenção nas unidades subnacionais, algo inédito na história republicana brasileira. Outro dado significativo é que, atualmente, em 17 unidades federativas o secretário de Segurança Pública é um delegado da Polícia Federal. As indicações para esses cargos foram feitas diretamente pela direção-geral da PF e pela Secretaria Nacional de Segurança Pública, a pedido dos governadores. Em 2007, o então secretário nacional de Segurança Pública e hoje diretor-geral da Polícia Federal afirmou que essa prática se tornava comum porque "É como uma terceira onda: depois dos generais e dos políticos, agora vivemos uma espécie de onda federal."

Em síntese, o deslocamento das ações de combate à corrupção da esfera estadual para a federal está diretamente associado ao movimento da esfera cível para a criminal — e ambos estão associados à maior articulação entre as instituições responsáveis por conduzir a investigação e o processo judicial por essa via. Se, de um lado, essa sintonia mais fina de propósitos representa uma grande novidade na experiência brasileira, por outro o querer, por parte de juízes, procuradores e policiais, agir com demais força, de "incerto jeito, pode já estar sendo se querendo o mal, por principiar," segundo os críticos. Guimarães Rosa à parte, o que se cogita é o risco de abuso de poder e de desfiguração do devido processo legal.

Na dinâmica *madisoniana* brasileira, novos *checks and balances* não deixaram de ser adotados em função dessa nova "onda federal", e ajustes institucionais têm sido feitos para assegurar a proporcionalidade entre os meios de ataque e de defesa. O Supremo Tribunal Federal, por exemplo, não deixou de colocar freios à ação de policiais federais, procuradores e juízes responsáveis pela condução de operações importantes, por meio da concessão de *habeas corpus*. Em sua decisão de pôr em liberdade um banqueiro preso pela operação Satiagraha, o então presidente do STF, ministro Gilmar Mendes, afirmou que o respeito ao devido processo legal é o que permitiria distinguir o estado de direito e um estado policial. Também o Conselho Nacional de Justiça estabeleceu, em outubro de 2008, regras mais rigorosas para a autorização de escutas telefônicas e de quebra de sigilo de meios eletrônicos de comunicação, por juízes (incluindo a necessidade de abertura de investigação sempre que houver vazamento das informações).

Em agosto de 2008, o STF já havia estabelecido regras também para o uso de algemas nas operações de prisão, fixando que só poderiam ser utilizadas em situações nas quais houvesse risco de fuga ou à segurança alheia. Sequer o efeito simbólico de nomear as operações passou desapercebido pelo Conselho Nacional de Justiça, que determinou recentemente que juízes não mais façam uso deles em suas decisões judiciais. Tal recomendação, de nº 18, não impediu a Polícia Federal de seguir exercitando sua veia literária, mas, colocadas ao lado das demais medidas de contenção, tais decisões marcam uma tentativa de reequilibrar os meios de ataque e de defesa nas operações de combate à corrupção e ao crime organizado.

Nesse processo de acomodação institucional, a próxima etapa deverá envolver as relações entre estados e União, uma vez que operações recentes da Polícia Federal no Tocantins e no Distrito Federal chamaram a atenção por ter resultado, no primeiro caso, em uma tentativa de mobilização da Polícia Militar local em defesa dos investigados e, no segundo, em um pedido formal de intervenção federal da União no Distrito Federal. É razoável prever que, na dinâmica *madisoniana* brasileira, não só o equilíbrio das relações horizontais entre poderes será desafiado por esse novo patamar de atuação das instituições de *accountability*, mas também aquele que historicamente caracterizou as relações verticais no interior da federação.

Referências bibliográficas

ARANTES, Rogério B. *Ministério Público e política no Brasil*. São Paulo: Sumaré/Educ/Fapesp, 2002.

_____. "Ministério Público na fronteira entre a Justiça e a Política". *Justitia*, 197, jul-dez 2007, pp. 325-335.

_____. "The Brazilian Feds: The Federal Police and the *Ministério Público* in the Fight Against Corruption". In: *Corruption and Democracy in Brazil: The Struggle for Accountability*. POWER, Timothy e TAYLOR, Matthew (eds.). Notre Dame: Notre Dame University Press, 2011.

ARANTES, Rogério B.; CUNHA, Luciana G.S. "Polícia Civil e Segurança Pública. Problemas de funcionamento e perspectivas de reforma". In: SADEK, M. T. (org.). *Delegados de Polícia*. São Paulo: Ed. Sumaré, 2003.

AVRITZER, Leonardo; BIGNOTTO, Newton; GUIMARÃES, Juarez; STARLING, Heloisa M. M. (orgs.). *Corrupção: ensaios e críticas*. Belo Horizonte: Editora UFMG, 2008.

FEREJOHN, John e PASQUINO, Pasquale. "A teoria da escolha racional na ciência política: conceitos de racionalidade em teoria política". *Revista Brasileira de Ciências Sociais*, vol. 16, nº 45, 2001.

ISUNZA VERA, Ernesto; GURZA LAVALLE, Adrian. "Precisiones conceptuales para el debate contemporáneo sobre la innovación democrática". In: _____ (orgs.). *La innovación democrática en América Latina. Tramas y nudos de la representación, la participación y el control social*. México: CIESAS-Universidad Veracruzana, 2010.

LOUREIRO, Maria. R; ARANTES, Rogério B.; COUTO, Cláudio G.; TEIXEIRA, Marco Antonio C. "Controles democráticos sobre a administração pública no Brasil: Legislativo, Tribunais de Contas, Judiciário e Ministério Público". In: LOUREIRO, Maria Rita; ABRUCIO, Fernando Luiz; PACHECO, Regina Silvia Viotto Monteiro (orgs.). *Burocracia e política no Brasil: desafios para a ordem democrática no século XXI*. Rio de Janeiro: FGV, 2010, pp. 109-147.

MADISON, James; *et alii*. *Os artigos federalistas, 1787-1788*. Rio de Janeiro: Nova Fronteira, 1993.

MAINWARING, Scott e WELNA, Christopher. *Democratic Accountability in Latin America*. Oxford: Oxford University Press, 2003.

MINGARDI, Guaracy. *O Estado e o Crime Organizado*. Tese de doutorado, Departamento de Ciência Política, Universidade de São Paulo, 1996.

REIS, Bruno P.W. e ARANTES, Rogério B. "Instituições políticas e controles democráticos: o paradoxal exercício simultâneo do poder e de sua contenção". In: MARTINS, Carlos B. e LESSA, Renato (coords.). *Horizontes das Ciências Sociais no Brasil: Ciência Política*. São Paulo: Anpocs, 2010, pp. 241-270.

ROCHA, Bruno L. *A Polícia Federal após a Constituição de 1988: polícia de governo, segurança de Estado e polícia judiciária*. Dissertação de Mestrado em Ciência Política, UFRGS, 2004.

SADEK, Maria Tereza (org.). *Delegados de Polícia*. São Paulo: Sumaré, 2003.

SANTIN, Valter F. *O Ministério Público na investigação criminal*. Bauru: Edipro, 2007.

SPECK, Bruno W. (org.). *Caminhos da transparência*. Campinas: Ed. Unicamp, 2002.

TAYLOR, Matthew M. "Corruption, Accountability Reforms and Democracy in Brazil". In: *Corruption and Politics in Latin America*. Charles Blake and Stephen Morris (eds.). Pittsburgh: University of Pittsburgh Press, 2009.

Notas

1. Scott Mainwaring e Christopher Welna, *Democratic Accountability in Lastin America*.

2. James Madison *et alii, Os artigos federalistas 1787-1788*.

3. John Ferejohn e Pasquale Pasquino, "A teoria da escolha racional na ciência política: conceitos de racionalidade em teoria política", *Revista Brasileira de Ciências Sociais*.

4. Ernesto Isunza Vera e Adrian Gurza Lavalle, "Precisiones conceptuales para el debate contemporáneo sobre la innovación democrática", in: *La innovación democrática en América Latina. Tramas y nudos de la representación, la participación e el control social*.

5. Dispomos de um significativo número de trabalhos de ciência política sobre corrupção, mas o recurso a uma resenha representativa dessa literatura escapa aos limites deste trabalho. Uma boa introdução é a coletânea organizada por Leonardo Avritzer, na qual o tema foi escrutinado desde a filosofia clássica até as dimensões institucionais do sistema político brasileiro, passando pela história e pela cultura, sem descuidar das controvérsias teóricas e conceituais mais recentes.

6. Leonardo Avritzer, Newton Bignotto, Juarez Guimarães e Heloisa M. M. Starling (orgs.), *Corrupção: ensaios e críticas*.

7. Scott Mainwaring e Christopher Welna, *op. cit.*

8. Bruno P. W. Reis e Rogério B. Arantes, "Instituições políticas e controles democráticos: o paradoxal exercício simultâneo do poder e de sua contenção", in: *Horizontes das ciências sociais no Brasil, ciência política*, pp. 241-250.

9. Bruno W. Speck (org.), *Caminhos da transparência*.

10. Foram examinados os controles internos ou administrativos, as ouvidorias (especialmente sua expansão após a Constituição de 1988), os controles legislativos (com ênfase nas Comissões Parlamentares de Inquérito), os Tribunais de Contas (que têm sido alvos de tentativas de aperfeiçoamento), os controles exercidos pelo Judiciário e pelo Ministério Público, além do papel de atores não estatais, como a mídia e organizações da sociedade civil — tudo nos três níveis da Federação e inci-

dindo sobre os três poderes de Estado. Os avanços concretos se deram principalmente no enfrentamento de problemas como fraudes em licitações, nepotismo no serviço público, crimes eleitorais, crimes contra a ordem econômica e a previdência social. Bruno W. Speck, *op. cit.*

11. Matthew M. Taylor, "Corruption, Accountability Reforms and Democracy in Brasil", in: *Corruption and Politics in Latin America.*

12. Maria R. Loureiro, Rogério B. Arantes, Cláudio G. Couto e Marco Antonio C. Teixeira, "Controles democráticos sobre a administração pública no Brasil: Legislativo, Tribunais de Contas, Judiciário e Ministério Público", in: *Burocracia e política no Brasil: desafios para a ordem democrática no século XXI*, pp. 109-147.

13. Os dados relativos às operações podem ser obtidos no site da PF na internet: http://www.dpf.gov.br. A partir dessa fonte, complementada por outras oficiais e da mídia impressa, construiu-se um banco de dados dessas operações. Alguns resultados serão aqui apresentados, enquanto outros foram discutidos em Rogério B. Arantes, "The Brazilian Feds: The Federal Police and Ministério Público in the Fight Against Corruption", in: *Corruption and Democracy in Brazil: The Struggle for Accountability.*

14. Rogério B. Arantes, *op. cit.*

15. Rogério B. Arantes, *op. cit.*

16. Disponível em: http://www.dpf.gov.br

17. Bruno L. Rocha, "A Polícia Federal após a Constituição de 1988; polícia de governo, segurança de Estado e polícia judiciária".

18. Bruno L. Rocha, *op. cit.*

19. *Idem.*

20. *Idem*, p. 91 e ss.

21. Aquele que trabalha na identificação de pessoas, em geral por meio de impressões digitais.

22. Informações do Boletim Estatístico de Pessoal, vol. 172, agosto de 2010, do Ministério do Planejamento. Brasília, DF. Disponível em: http://www.servidor.gov.br/publicacao/boletim_estatistico/bol_estatistico_10/Bol172_Ago2010.pdf. Consultado em 1/11/2010.

23. Guaracy Mingardi, "O Estado e o crime organizado".

24. *Idem*, p. 182, exemplos do autor.

25. Rogério B. Arantes, *Ministério Público e política no Brasil*. *Idem*, "Ministério Público na fronteira entre a justiça e a política", *Justiça*, pp. 325-335.

26. Diferença entre os que disseram confiar na instituição e os que disseram não confiar nela.

27. Retomo aqui elaboração sobre as formas de tratamento da corrupção apresentadas em Rogério B. Arantes, *op. cit.*, 2011.

28. A questão do foro especial tornou-se bastante controversa e atualmente é objeto de intensas disputas judiciais. Enquanto alguns defendem sua extinção geral, outros apoiam sua extensão aos processos cíveis por improbidade administrativa.

29. Os dados principais do relatório elaborado pelos promotores, com um balanço das ações de improbidade, foi publicado em *O Estado de S. Paulo*, 23 de agosto de 2010, p. C1.

30. Igualmente, deve-se atribuir a essa baixa efetividade processual as estratégias adotadas pelo Ministério Público quanto a privilegiar procedimentos extrajudiciais, como o inquérito civil e o Termo de Ajustamento de Conduta, como formas de solucionar casos sem levá-los à apreciação do Judiciário, além de impor custos "reputacionais" a políticos e a administradores, utilizando-se da mídia para atingir sua imagem.

31. Maria Tereza Sadek (org.), *Delegados de Polícia*.

32. Rogério B. Arantes e Luciana G. J. Cunha, "Polícia Civil e Segurança Pública. Problemas de funcionamento e perspectivas de reforma", in: Maria Tereza Sadek, *op. cit.*

33. Rogério B. Arantes, *op. cit.*, 2011.

Transparência e controle da corrupção no Brasil

Fernando Filgueiras

Existe um lugar comum na gestão pública contemporânea: o reconhecimento do princípio da transparência das ações do Estado na sociedade, caracterizado por um amplo consenso entre políticos, burocratas e formadores de opinião de que não devem existir segredos na relação entre Estado e sociedade. Tal ideia cria uma enorme expectativa de que a transparência serviria à maior articulação e organização da administração pública, além de contribuir para a concretização da *accountability* e, por consequência, para a diminuição da corrupção.

Esse consenso assumiu, atualmente, a posição de uma verdade irrefutável, tendo o status de princípio fundamental da governança democrática e sendo quase impensável uma posição crítica a respeito da transparência nas democracias contemporâneas. Criada pelos economistas, a noção de transparência tem o objetivo de resgatar o caráter público das burocracias, tendo em vista uma compreensão do cidadão como consumidor de serviços públicos.

Em muitas situações, o conceito de transparência se confunde com o conceito de publicidade. Surgido no contexto das reformas de Estado da década de 1980, o primeiro assenta-se na perspectiva da economia da informação, com o objetivo de resolver os problemas de agência na gestão pública contemporânea. Contudo, apesar do consenso a respeito da transparência e das inovações institucionais implementadas nas máquinas administrativas, uma percepção da corrupção permanece na dimensão da opinião pública. No contexto das reformas, apesar da grande expectativa em torno de mudanças, as patologias institucionais se mantêm, criando uma situação de espasmos de alvoroço social contra a corrupção. O que se percebe é um moralismo exacerbado das elites políticas, econômicas e sociais a respeito da política e da vida institucional da democracia.

O objetivo deste texto é fazer uma análise crítica da política da transparência hoje implementada na experiência democrática brasileira. Avaliamos os efeitos da construção da transparência em relação à democracia brasileira, na dimensão da opinião pública, com o intuito de perceber os desafios à construção de uma governança efetivamente democrática. Defende-se aqui a hipótese de que a democratização do Estado e a construção de uma governança democrática demandam uma extrapolação do conceito de transparência em direção a uma concepção mais abrangente de *accountability*, que demanda, nesse sentido, uma concepção de publicidade que encontre assento em uma discussão do interesse e da centralidade dos valores públicos na gestão do Estado brasileiro. Dessa forma, a questão do controle da corrupção deve ser concebida como uma política de Estado, não como monopólio burocrático de gestão das políticas públicas.

A TRANSPARÊNCIA E A CONSTRUÇÃO DA GOVERNANÇA DEMOCRÁTICA NO BRASIL

O processo de democratização no Brasil implicou a liberalização, a ampliação da competição política e uma demanda crescente em relação aos poderes do Estado brasileiro. Em paralelo a essa trajetória de democratização, vivenciou-se o processo de esmaecimento da burocracia pública brasileira, tendo em vista a crise fiscal, a globalização e a criação de limites para a intervenção estatal na sociedade, tendo surgido, no contexto dos anos 1990, uma tensão entre burocracia e democracia, o que ensejou uma série de reformas na máquina administrativa do Estado brasileiro.

Os diferentes diagnósticos formulados para o setor público brasileiro reconhecem o ponto comum da desorganização e desarticulação administrativa, a falta de eficiência da gestão pública e uma administração pública corrompida. O resultado é a incapacidade do Estado brasileiro de produzir políticas públicas eficazes para a provisão de bens e de serviços para a sociedade. Nesse quadro de desorganização da administração pública brasileira, na década de 1980 a corrupção emergiu como prática recorrente na democracia, criando a sensação, tão presente no senso comum, de que ela nasceu com a democratização, e não como herança do regime autoritário.

Diante desses problemas, ao longo da Nova República, planejou-se um conjunto de reformas que mantivessem o compromisso com a modernização assumido ao longo de nossa história republicana. Para combater o legado do regime autoritário, as principais mudanças vieram com a Constituição de 1988, havendo um capítulo específico a respeito da organização político-administrativa do Estado. No âmbito das atividades constituintes, destaca-se a ideia de democratização do Estado — com o fortalecimento do controle externo da administração pública, especialmente com o papel do Ministério Público e da sociedade civil. É na Constituição de 1988 que os princípios regentes da administração pública brasileira são encontrados, especialmente no que diz respeito à legalidade, à publicidade e à moralidade administrativa (Artigo 37). Além disso, é importante salientar o papel da descentralização estipulado pela Constituição, bem como o compromisso estabelecido de reforma do serviço civil, por meio do reconhecimento e da universalização da meritocracia e da participação da cidadania.[1]

Durante o governo Collor, promoveu-se uma reforma administrativa motivada pela "caça aos marajás", que procurava recompor os mecanismos da gestão pública, organizá-la e combater a corrupção que assolava o serviço público brasileiro. De imediato, houve a reincorporação à administração direta das funções de governo que eram exercidas pela administração indireta. Além disso, evitou-se a proliferação de empresas estatais e de fundações sem fontes próprias de recursos, além de se promover maior controle sobre elas. O ponto principal das reformas administrativas, nesse período, foi o desmonte da máquina estatal, com a ideia de "enxugar" o quadro de pessoal, adotando-se os planos de demissão voluntária como saída para a crise fiscal do Estado e para a inconstitucionalidade julgada pelo Supremo Tribunal Federal (STF) para a redução de vencimentos de servidores.

Não houve, contudo, avanço durante o período Collor, porquanto a crise instalada com a denúncia de um dos maiores esquemas de corrupção em nossa história republicana abalou o governo e, por sua vez, as condições políticas para a implementação da mudança. Nesse contexto, o *impeachment* e o fracasso das reformas mostraram que o problema da governabilidade seria o ponto central para a ideia de uma reforma mais ampla do Estado brasileiro.[2]

Um quadro mais agravado de corrupção demandava reformas mais profundas na administração pública brasileira. No curto período do governo Itamar Franco, a única realização nesse sentido foi a criação de um Código de Ética Profissional do Servidor Público Civil da Administração Federal, conforme Decreto 1.171, de 22 de junho de 1994. No que concerne às reformas da administração pública, somente no governo Fernando Henrique Cardoso elas encontraram substrato político, com a implantação do Ministério da Administração e Reforma do Estado (Mare), criado em 1995 sob o comando do ministro Bresser-Pereira. Nesse período, as condições de governabilidade se tornaram mais favoráveis para a implementação da agenda de mudanças administrativas.

A reforma administrativa conduzida pelo ministério procurou redefinir os setores de atuação estatal, reforçando a ideia de democratização do Estado e de mecanismos de gestão configurados em torno da adoção de modelos de administração privada para o setor público. Essa estratégia de reforma assumiu um modelo gerencialista, cujo objetivo era adequar a administração pública brasileira às novas necessidades advindas da globalização dos mercados, da presença cada vez maior da legislação internacional de comércio e do aperfeiçoamento dos mecanismos de gestão. As mudanças foram implementadas de acordo com o modelo gerencialista, que definiu que as atividades do governo deveriam se basear numa gestão pública similar àquela realizada no mundo privado, porquanto seja o cidadão um cliente de serviços realizados pelo Estado.[3]

Essa concepção da máquina administrativa do Estado brasileiro circunscreveu-se à influência das agências multilaterais, em especial o Fundo Monetário Internacional (FMI) e o Banco Mundial, que condicionaram uma série de mudanças na gestão pública, assumindo que a governança democrática dependeria da implantação das reformas gerenciais. O postulado de tais agências e das reformas implementadas era de que a governança democrática é criada pela mudança institucional das máquinas administrativas, tendo em vista os princípios da descentralização, da *accountability*, da inclusão social e da eficiência fiscal.

O modelo gerencialista, dessa forma, assumiu que a gestão pública deveria se basear na profissionalização da gestão, na preferência por indicadores quantitativos e padrões explícitos de mensuração de desempenho; no controle quantitativo de resultados, na distribuição de recursos de acordo com o desempenho da política, na descentralização das atividades da burocracia, na competição entre agências do Estado, na flexibilidade da gerência, na disciplina no dispêndio de recursos, no corte de custos diretos e na criação de limites aos custos de transação da burocracia pública com a maior transparência das ações do Estado.[4] Esse postulado gerencialista confere à ideia de governança um ponto central, sendo ela concebida pelo Banco Mundial como o "exercício da autoridade política e o uso dos recursos institucionais para gerenciar os problemas da sociedade".[5]

No entanto, é importante destacar que o consenso estabelecido por essas agências aponta que o Estado teria uma posição secundária, uma vez que o uso de teorias microeconômicas para compreender a questão das reformas parte da premissa de que o Estado deve ser diminuído, porquanto haja problemas de agência e seja ele o espaço dos vícios, da ineficiência e da corrupção.

O paradigma gerencialista da reforma do Estado no Brasil produziu mudanças na máquina administrativa. De acordo com Fernando Abrucio, houve avanços nos mecanismos de gestão e uma mudança cultural no serviço público brasileiro, de maneira que podemos perceber mudanças substanciais ocorridas a partir de 1995.[6] As reformas, no entanto, não ocorreram incólumes a eventuais barreiras a seu sucesso. As barreiras às reformas estão relacionadas, de acordo com Abrucio, a uma visão economicista estreita, que barrou várias inovações institucionais, como maior autonomia às agências reguladoras, por medo que o Estado perdesse o controle sobre o dispêndio financeiro das agências. Além disso, como destacou Flávio Rezende, a reforma encontrou fortes entraves para a implementação das mudanças, porque houve uma preponderância da questão fiscal na formação das preferências dos atores estratégicos do processo decisório, que perceberam as reformas como uma ameaça ao controle burocrático sobre as políticas públicas, fazendo com que as mudanças parassem na questão do ajuste fiscal.[7] Ou seja, as mudanças foram implementadas, mas a construção das políticas públicas continuou submetida ao monopólio burocrático, sem haver, de fato, um processo de descentralização em direção à sociedade e a construção de mecanismos mais efetivos de controle na dimensão civil.

Abrucio aponta, como ganhos da inovação gerencial implementada pela reforma administrativa, a gestão fiscal do Estado, que trouxe economicidade ao setor público; as inovações no plano dos governos subnacionais, que introduziram o paradigma gerencialista nas políticas públicas; a criação de mecanismos mais apurados de avaliação das políticas públicas, especialmente na área social, o que permite maior gerenciamento da aplicação de recursos; a adoção de planejamento no setor público, não no sentido tecnocrático, mas pela integração de programas de governo e projetos; e a adoção do governo eletrônico, que mais avançou no âmbito dos estados, com a introdução de pregão eletrônico e reorganização das informações.[8]

Como apontou Abrucio, falta ainda, por outro lado, o reforço de quatro eixos centrais nas reformas da administração pública brasileira, nos quais os governos Fernando Henrique Cardoso e Lula pouco avançaram, que são a profissionalização da burocracia brasileira, especialmente nos cargos considerados estratégicos; a eficiência dos serviços prestados; a efetividade das políticas públicas; e a *accountability* e o reforço da transparência nas relações entre Estado e sociedade. No que diz respeito a esse último eixo destacado por Abrucio, é interessante notar que, apesar das reformas e dos avanços proporcionados pelas inovações institucionais, a corrupção permanece como prática recorrente, mantendo um aspecto patrimonialista das relações entre Estado e sociedade.[9] Foram configurados vários mecanismos de ampliação da transparência no Brasil, mas a profusão dos escândalos de corrupção se mantém uma constante na democracia.

No que diz respeito à dimensão da *accountability*, a perspectiva gerencialista acredita na centralidade da transparência para a promoção do princípio de prestação de contas. No conjunto das reformas da administração pública brasileira, o princípio da transparência entrou para o léxico político de modo muito forte. O mote central está em que o controle sobre as políticas públicas e o combate à corrupção, com o intuito de formular uma governança democrática, dependem da maior transparência nas relações entre Estado e sociedade. Como a ideia é o reforço da *accountability,* o conceito de transparência serve para a redução dos custos da delegação e dos problemas de agência a partir da ampliação das informações disponíveis aos diferentes atores políticos.[10] A transparência, nesse sentido, é o princípio segundo o qual o controle sobre as políticas públicas depende da disponibilidade de informações aos cidadãos, nas quais possam basear suas escolhas. De acordo com a teoria da agência, quanto maior o volume de informações disponíveis aos cidadãos (*principals*), menores serão os custos de delegação.[11]

O conceito de transparência, nesse sentido, surgiu como um valor fundamental da gestão pública contemporânea, de maneira que sua realização significa ampliar as informações da sociedade a respeito das ações realizadas pelos agentes públicos. Daí a popularidade que o conceito assumiu nas democracias contemporâneas.[12] Como assevera Roumeem Islam, governos transparentes governam melhor, porque a ampliação da informação proporciona um mercado político com menos corrupção e, por sua vez, mais eficiente.[13] Nesse sentido, o conceito de transparência está ligado à questão da economia da informação, em que o cidadão é visto como um investidor e consumidor de bens públicos.[14]

De acordo com Ferejohn, o *principal* investe seus recursos na ação realizada pelo *agent,* esperando retorno no investimento (público) realizado. O ponto de equilíbrio na relação entre *principal* e *agent* dependerá da existência de instituições mais transparentes, capazes de reduzir as incertezas de investimento.[15] Ou seja, a *accountability* é implementada com a ampliação da transparência, tendo em vista uma questão de retorno do investimento realizado pelos cidadãos na ação pública dos agentes. A transparência, portanto, maximiza a *accountability* por permitir a redução da assimetria de informação entre *principal* e *agent,* garantindo um sistema de responsabilização derivado da abertura dos segredos de Estado. Pela premissa do gerencialismo, é impossível pensar a responsabilidade política sem que as instituições sejam transparentes aos cidadãos, de maneira que o déficit de informação entre o homem comum e as instituições democráticas seja reduzido. Na perspectiva gerencialista, a transparência é um valor instrumental para o exercício da *accountability.*[16]

No caso brasileiro, a ideia da transparência veio com as reformas gerencialistas da década de 1990. Sua popularidade no Brasil democrático foi obra das instituições de controle, especialmente aquelas cuja competência é exercer o controle público da corrupção, tais como o Tribunal de Contas da União (TCU) e a Controladoria-Geral da União (CGU), contando ainda nesse processo a posição de acadêmicos e de formadores de opinião. Nesse sentido, o conceito de transparência se popularizou e avançou em muitos setores da administração pública, especialmente com a criação do Portal da Transparência e a divulgação pública da prestação de contas.

No Brasil, há bastante informação disponível, permitindo a atores externos à burocracia estatal, como a mídia, exercerem controle sobre a ação de políticos e de burocratas a partir da informação disponível. Exemplo disso é o modo como o escândalo dos cartões corporativos, em 2008, surgiu a partir de denúncias com base no Portal da Transparência. A adoção da ideia da transparência no Brasil é resultado das inovações no controle burocrático-administrativo da corrupção, que vieram com as reformas gerencialistas implementadas a partir da década de 1990,[17] e atualmente há um forte consenso de que o combate à corrupção depende da ampliação da transparência.

No entanto, essa ampliação, paradoxalmente, não significou uma melhoria do controle da corrupção, nem mesmo um aprimoramento da *accountability*. Apesar dos avanços na criação de informação e na adoção de políticas públicas, orçamentos e gastos mais transparentes, a corrupção permanece, sem que haja qualquer avanço no que diz respeito à responsabilização dos agentes públicos e privados perante a sociedade.

No âmbito do projeto de reforma do Estado, o conceito de transparência surgiu como proposição universal, sem que se levasse em conta realidades culturais, políticas e institucionais distintas, mas o consenso a respeito da transparência no Brasil a tornou um conceito vazio de sentido e suscetível a um uso instrumental da informação disponível. Muito disso ocorreu pela disjunção dos mecanismos de controle da corrupção no Brasil, em que a transparência, por si mesma, não resultou em maior responsabilização dos atores perante as leis. No Brasil democrático, as inovações institucionais, no que tange ao controle da corrupção, concentraram especial atenção na máquina administrativa, sem inovações concomitantes na dimensão do controle judicial e do controle público não estatal.[18]

A disjunção dos mecanismos de controle da corrupção no Brasil faz com que a transparência não represente ganhos de eficiência na gestão pública, mas alimente uma política do escândalo que vitimiza as instituições democráticas, em especial os partidos e o Congresso. A razão principal para isso é a lentidão do Judiciário, que produz um sentimento de impunidade que impera no Brasil democrático, em particular em casos que envolvem a grande corrupção. Como destacou Taylor, o problema é que a construção da *accountability* no Brasil pós-1988 depende de um monopólio da burocracia sobre as políticas públicas, o que torna questões centrais, como a atuação do Judiciário e da sociedade civil no controle da corrupção, de pouca eficácia.[19]

Ou seja, as inovações do controle público da corrupção continuaram sob domínio do monopólio burocrático sobre a gestão pública, o que dificulta inovações institucionais que estejam além do ajuste fiscal. Como apontara Taylor e Buranelli, a disjunção do controle no Brasil provoca um baixo desempenho das instituições responsáveis pela *accountability*.[20] O resultado é que não há sanção eficiente à corrupção apesar da maior transparência hoje vigente no Brasil.

Nesse sentido, a ideia da transparência e a construção institucional de seus termos apresentam problemas em relação à questão da democracia. As inovações nos controles públicos da corrupção centraram-se, sobretudo, em questões burocrático-administrativas, com poucas mudanças no que se refere ao controle judicial e ao controle público não estatal.[21] O resultado é que a transparência, do modo como é construída no Brasil, alimenta uma política do escândalo permanente, cujas consequências não se dão sobre a governabilidade do regime, mas na legitimidade das instituições. O resultado da política da transparência no Brasil democrático é que o monopólio burocrático sobre as políticas públicas resulta em uma baixa *accountability*, o que mantém, por sua vez, a profusão de escândalos de corrupção.

A TRANSPARÊNCIA E A POLÍTICA DO ESCÂNDALO NO BRASIL DEMOCRÁTICO

O problema em relação ao conceito e ao uso que se faz da transparência no Brasil é a ausência de uma perspectiva mais crítica sobre a questão do monopólio burocrático sobre o controle das políticas públicas, pois o modo como a transparência é implementada alimenta uma prática do escândalo permanente, que afeta a legitimidade do sistema e a eficiência de suas políticas públicas. As reformas gerencialistas, tomando a premissa de que mudanças na máquina administrativa, por si mesmas, produzem efeitos benéficos na gestão das políticas públicas, partem de uma ideia restritiva em relação à política, criando uma visão estreita dos controles públicos da corrupção e da própria noção de *accountability*.

Tomando a ideia de que a *accountability* está relacionada a problemas de agência, pode-se formular uma série de objeções à ideia da transparência. Em primeiro lugar, porque parte-se de uma concepção restrita e minimalista da cidadania, em que o cidadão é visto apenas como um cliente de serviços públicos, no patamar das relações de mercado. Em segundo lugar, porque o conceito de *accountability*, como tratado pela teoria da agência, desconsidera os processos públicos de formação dos interesses, faltando a ele, portanto, um substrato normativo mais fortemente ligado à política.[22]

A noção de transparência, derivada dessa noção estreita de *accountability*, significa uma regra de conduta de agentes públicos, que carrega um poder simbólico relacionado à abertura de processos e de resultados de assuntos públicos na dimensão do governo e dos negócios de mercado,[23] pressupondo que a redução da assimetria de informação contribuirá para a redução das incertezas de investimento, proporcionando uma forma de controle sobre a conduta dos agentes públicos. Porém, se concentrada no monopólio da burocracia, a transparência não contribui para o fortalecimento da *accountability*, mas para a produção de uma política do escândalo permanente, em que o resultado não é afetar a governabilidade do sistema político, mas a legitimidade das instituições.

Como aponta Amitai Etzioni, o problema da transparência é a possibilidade de seu uso ideológico, uma vez que o cidadão seja concebido como um consumidor.[24] Uma vez que o conceito surge no interior das propostas de mudanças organizacionais da gestão pública, pautadas por agências multilaterais e formadores de opinião internacional, a transparência se constitui em uma nova tecnologia de vigilância que não distingue as vidas privada e pública, inibindo boas iniciativas no serviço público, reforçando o poder da burocracia sobre os controles da corrupção e das políticas públicas e afetando diretamente a legitimidade do sistema político.

Como resultado, o controle da corrupção torna-se uma técnica de vigilância que cria gerências defensivas e pouco criativas, uma supercentralização do processo decisório, poucos incentivos à cooperação interinstitucional e um desvio em relação aos objetivos do próprio órgão burocrático. Portanto, a transparência, em vez de ressaltar as virtudes do órgão burocrático, ressalta as patologias institucionais, dentre elas a corrupção.

No caso do Brasil, isso é facilmente demonstrável pelo modo como a sanção à corrupção é desempenhada, privilegiando a sanção reputacional e havendo poucos casos em que o método judicial foi eficiente no controle da corrupção. Apenas uma autoridade política foi condenada no Supremo Tribunal Federal por crime de responsabilidade.[25] Isto cria o paradoxo, como apontou Taylor, da disjunção entre as percepções da corrupção e da *accountability* no Brasil democrático.[26] Essa diferença surge de uma ansiedade por maior transparência por parte do monopólio burocrático sobre as políticas públicas, tornando os mecanismos de controle da corrupção pouco efetivos por haver escassas inovações institucionais no que diz respeito à questão do controle judicial e do controle público não estatal, ou seja: o papel do Judiciário na imputação de responsabilidade criminal aos atos de corrupção e o papel da sociedade civil no controle das políticas públicas. Tal situação fica clara no modo como o brasileiro percebe a questão da corrupção no Brasil, destacando a sensação de aumento, como mostra o gráfico adiante:

Gráfico 1. Evolução da corrupção nos últimos cinco anos (%)[27]

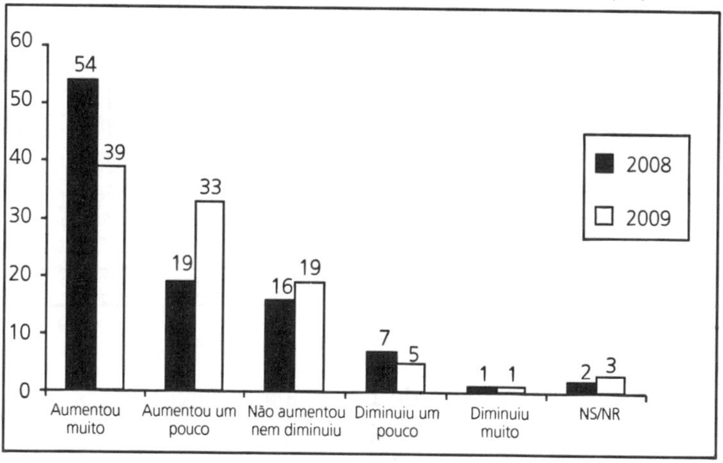

Fonte: Centro de Referência do Interesse Público/Vox Populi, 2008, 2009.

Uma transparência maior, sem uma visão mais ampla de *accountability* e sem a efetividade das instituições de controle, promove uma percepção gradativa da corrupção no Brasil democrático, sendo pouco visível, à opinião pública brasileira, a ação das agências de controle, tendo em vista sua atuação pública e o marco da legalidade de sua ação. Nesse sentido, é muito oscilante a percepção dos brasileiros a respeito da atuação das agências, porquanto a questão da corrupção seja pautada pela mídia.

No gráfico adiante, aponta-se a visibilidade das instituições de controle da corrupção, bem como a legalidade, segundo a opinião pública, de sua ação:

Gráfico 2. Visibilidade e legalidade das instituições de controle (%)[28]

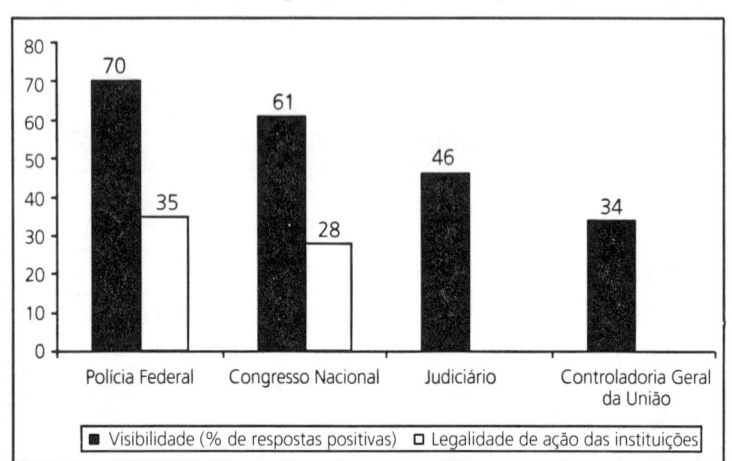

Fonte: Centro de Referência do Interesse Público Vox Populi, 2008 e 2009.

Cabe destacar, no caso do Brasil, a alta percepção da atuação da Polícia Federal, em particular a partir do primeiro governo Lula, em consequência da enorme visibilidade dada pela mídia às operações que desmontaram diferentes esquemas de corrupção. Contudo, a atuação da Polícia Federal é avaliada como negativa na questão da legalidade. O aumento de seu poder discricionário é acompanhado de uma atuação muitas vezes fora dos parâmetros da legalidade, o que acabou minando sua própria legitimidade, em particular no caso Daniel Dantas.[29] A questão que a transparência ressalta, de acordo com Etziani, é o velho problema de quem controla o controlador.[30] O que se percebe, no caso do Brasil democrático, é uma inovação na máquina administrativa do Estado e o aumento dos poderes discricionários das polícias, sob o controle da burocracia governamental. A maior transparência, supostamente, significa a produção de informações e a prestação de contas sob controle dos órgãos burocráticos.

Ao contrário de resolver o problema da corrupção, a transparência, no caso brasileiro, ressaltou as patologias institucionais, tendo em vista uma crescente avaliação, por parte da opinião pública, do aumento da corrupção. A informação produzida pelos órgãos de controle burocrático-administrativo, no entanto, de acordo com os preceitos da transparência, não chega a balizar as escolhas que os cidadãos fazem por políticas públicas. Como destaca Etzioni, o conceito de transparência e seu uso na gestão pública contemporânea não preveem o problema das capacidades cognitivas do público para processar as informações.[31] Não se trata de simples manipulação de dados, mas de diferenças no acesso às informações primárias. Como os dados precisam ser manipulados, a transparência continua sob a tutela das burocracias, o que não permite, por sua vez, um juízo mais acurado e menos associado à reputação dos envolvidos em eventuais escândalos de corrupção.

Ora, a transparência, dessa forma, alimenta uma política do escândalo permanente, os quais não necessariamente melhoram as condições de informação do cidadão, o que permitiria a ele fazer melhor suas escolhas. Os escândalos alimentam uma posição defensiva da cidadania em relação às instituições políticas, em especial aquelas representativas. Uma vez que a transparência implementada pelos órgãos de controle é monopólio burocrático, e não uma política de Estado, ela afeta mais diretamente a confiança dos cidadãos na ordem democrática, tornando o Estado um espaço naturalizado dos vícios. O Estado brasileiro é percebido pela opinião pública como corrompido, criando dificuldades à legitimidade democrática. Esse processo pode ser vislumbrado no modo como o brasileiro percebe a atuação dos próprios burocratas em relação aos esquemas de corrupção. Quando perguntada se pessoas que ocupam altos cargos no governo aceitariam ou não entrar em um esquema de corrupção, grande parte da opinião pública responde positivamente, como mostra o gráfico adiante:

Gráfico 3. Percepção sobre os altos cargos no governo

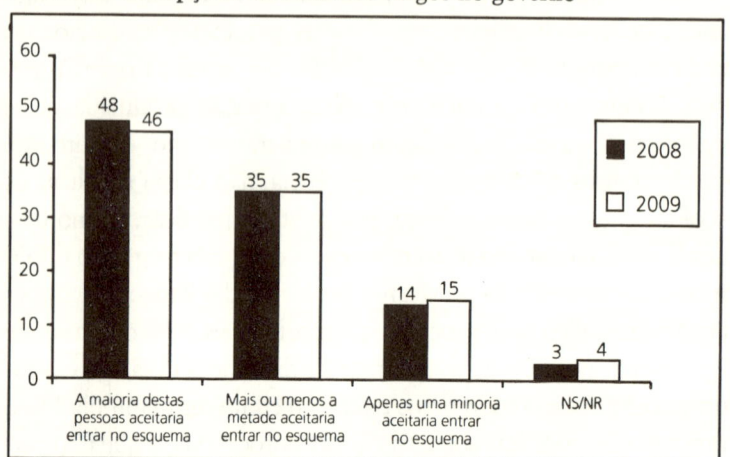

Fonte: Centro de Referência do Interesse Público/Vox Populi, 2008, 2009.

A transparência, como implementada pela burocracia brasileira, alimenta a política do escândalo e a desconfiança do cidadão em relação à sua atuação. Uma vez que a transparência e o controle da corrupção são monopólios burocráticos, percebe-se que, apesar das inovações gerencialistas conquistadas a partir da reforma administrativa, o conflito entre burocracia e democracia permanece. Não há, na dimensão do controle, uma integração sistêmica entre os controles burocrático, judicial e público não estatal, exercido pela sociedade civil. Apesar das inovações institucionais no controle burocrático, a corrupção permanece como uma mazela institucional brasileira.

Há, nesse sentido, um paradoxo: o controle, no Brasil democrático, aumentou; a sanção permanece baixa; e a corrupção se reproduz e pauta negativamente a opinião pública. Por conta da disjunção dos controles públicos da corrupção no Brasil, ela afeta mais claramente o Estado e sua capacidade operacional de gestão.[32]

A corrupção afeta o Estado porquanto há uma enorme desconfiança do cidadão em relação aos políticos. O contraditório nesse processo é que a maior transparência não pauta, de forma mais acurada, as escolhas dos cidadãos. No caso brasileiro, apesar de escândalos que varreram diferentes partidos políticos e que implicaram em sanção reputacional com a perda de mandatos, não há qualquer constrangimento a uma nova candidatura, que é potencialmente vitoriosa. Em vários casos, políticos que perderam mandatos retornaram em eleições posteriores, como, por exemplo, José Roberto Arruda e Jader Barbalho, entre outros. Ou seja, uma vez que a corrupção não é tema relevante nos processos eleitorais, deriva-se disso que a transparência, no caso brasileiro, não significa melhores informações e, por conseguinte, um melhor exercício da cidadania. Vale, nesse sentido, a observação de Taylor de que há uma disjunção entre as percepções da corrupção e da *accountability*.[33]

A não integração dos controles públicos, em primeiro lugar, implica poucas informações derivadas da transparência, para os cidadãos fazerem suas escolhas. O problema cognitivo da transparência, como destaca Etzioni, promove este tipo de questão na dimensão da democracia. Em segundo lugar, a não integração dos controles públicos da corrupção promove uma situação de disputa institucional — como na situação do conflito entre o Judiciário e a Polícia Federal, no caso Daniel Dantas —, entre o Congresso e o Ministério Público — a partir do projeto de "lei da mordaça", de autoria do deputado federal Paulo Maluf — e entre o Tribunal de Contas da União e órgãos da administração direta.

Nesse contexto, o Estado é afetado negativamente pela transparência, em especial as instituições representativas. Quando o cidadão brasileiro é interpelado a identificar a corrupção em diferentes setores da sociedade, fica patente o modo como tais instituições são vistas como os espaços naturais dos vícios. O resultado do primado do controle burocrático-administrativo é ampliar a autonomia da máquina e da sua legitimidade auferida como representante do interesse social, em detrimento da representação democrática. Ou seja, a corrupção, no Brasil, é mais visível nas instituições representativas, cuja legitimidade deriva das urnas, que na máquina administrativa e no espaço privado, sendo o Estado o personagem central desse processo. Como mostra o gráfico adiante, o brasileiro percebe a corrupção mais presente nas instituições representativas e públicas e menos presente nas instituições sociais de natureza privada. A transparência naturaliza a corrupção na dimensão do Estado, produzindo um processo de descentramento da ordem democrática.

Tabela 1. A presença da corrupção em ambientes institucionais e sociais

%	Mai/2008 (Base: 2.421)	Jul/2009 (Base: 2.400)
Câmara dos Deputados	8,34	8,54
Senado Federal	8,02	8,43
Câmara dos Vereadores	8,36	8,34
Prefeitura	8,07	8,14
As pessoas mais ricas	8,02	7,88
Governo do Estado	7,56	7,72
Polícia Militar	7,42	7,66
Polícia Civil	7,37	7,58
O Poder Judiciário	7,36	7,54
Os empresários	7,53	7,48
Polícia Federal	6,64	6,99
Presidência da República	7,43	6,89
A classe média	6,59	6,57
Clubes de futebol	7,15	6,39
Os homens	6,88	6,32
O povo brasileiro em geral	6,67	6,22
A mídia (jornais, revistas, TVs)	6,33	6,09
Movimentos sociais	6,32	5,73
Igrejas Evangélicas	6,67	5,46
Associação de bairro	5,65	5,34
ONGs	5,84	5,17
As pessoas mais jovens	5,42	4,74
Igreja Católica	5,57	4,60
As mulheres	5,15	4,26
As pessoas mais velhas	4,85	4,06
As pessoas mais pobres	4,80	3,74
Média das médias	6,80	6,47

Fonte: Centro de Referência do Interesse Público/Vox Populi, 2008 e 2009.

Desse processo, conclui-se que o monopólio burocrático sobre o controle das políticas públicas e da corrupção mantém, apesar das inovações institucionais promovidas com a reforma administrativa, o conflito entre democracia e burocracia no Brasil pós-1988. A principal vítima da corrupção no Brasil democrático é a própria democracia, em especial as instituições representativas. O resultado desse processo é reforçar uma visão economicista estreita de que a mudança da máquina administrativa promove uma gestão pública mais eficiente e menos suscetível à corrupção, bem como reforça a noção de que para combater a corrupção precisamos de mais tecnologia e menos política.

Além disso, os efeitos da transparência no Brasil democrático, como implementada pelos órgãos de controle burocrático-administrativo, promovem uma incapacidade de integração sistêmica do controle público, criando barreiras à formação de um sistema de integridade que congregue a burocracia estatal, o Judiciário e a sociedade civil. Portanto, a experiência brasileira de ampliação da transparência não significou, necessariamente, a ampliação da *accountability*, muito pela introdução de uma visão estreita desta, tendo em vista a teoria da agência, e o papel do controle burocrático-administrativo em sua implementação.

Esse diagnóstico permite inferir que a construção da *accountability* nas instituições do Estado brasileiro ainda é um desafio à democracia, muito em função de uma permanente agenda de reformas inconclusas que permitam a construção de um sistema de integridade balizado na união dos controles burocrático-administrativo, judicial e público não estatal. Nesse sentido, as mudanças na gestão pública brasileira precisam ir além da transparência, recuperando uma noção mais forte de publicidade que permita a configuração de uma governança democrática efetiva, capaz de controlar a corrupção.

EM DEFESA DA PUBLICIDADE PARA A CRIAÇÃO DA GOVERNANÇA DEMOCRÁTICA

Da análise feita na seção anterior, conclui-se que a transparência não pode ser um fim em si mesma. Uma vez que esteja sob monopólio burocrático, a transparência ressalta as patologias institucionais e contribui para uma cultura política pouco identificada com o mundo público. Na experiência brasileira, esse princípio foi implantado sem a quebra do monopólio burocrático sobre as políticas públicas, o que o tornou suscetível a uma expansão dos controles burocráticos da corrupção sem o reforço concomitante de outras instituições de *accountability*, na dimensão dos controles judicial e público não estatal.

Esse tipo de dinâmica na construção do controle público da corrupção no Brasil ressalta as patologias institucionais, porque cria um clima de instabilidade política, uma cultura de baixa confiança nas instituições e uma sensação de impunidade na dimensão da sociedade, que têm por efeito afetar diretamente a legitimidade do Estado. É nesse sentido que a corrupção contribui para um descentramento da legitimidade democrática, em que há, na dimensão da cultura política, uma fraca identidade do público e da representação política, um processo crescente de judicialização das políticas públicas, e um descolamento entre a vontade geral e a gestão dos negócios públicos.

A corrupção no Brasil democrático não custa, portanto, apenas dinheiro, mas afeta diretamente a democracia, uma vez que mina a construção da autoridade democrática. A corrupção não tem apenas custos econômicos, mas também custos políticos muito caros. Dessa forma, a transparência, enquanto mantida sob monopólio burocrático, não dá conta de controlar a corrupção no Brasil democrático, e é necessário extrapolar a noção de que a governança democrática é conquistada apenas pelo postulado das mudanças gerenciais na máquina administrativa do Estado brasileiro e com a ampliação da transparência. É fundamental, consequentemente, que o controle da corrupção seja uma política de Estado, não apenas uma inovação na dimensão da administração pública, sendo essencial extrapolar a noção de transparência em direção a uma ideia mais ampla de *accountability*, em que ela não seja concebida apenas como engenharia institucional, mas a partir de uma dimensão sistêmica da integridade pública.

Ir além da transparência, em direção à publicidade, significa recuperar a importância do interesse e dos valores públicos,[34] pensando uma dimensão dos sistemas de integridade que incorpore e coordene os poderes de Estado e produza comprometimentos com a sociedade em torno dos controles públicos da corrupção. Significa, por conseguinte, pensar a *accountability* não apenas em uma perspectiva relacional, mas como processos que envolvam a sociedade civil e os poderes constituídos de Estado. No caso brasileiro, o que se constata é a necessidade da continuidade das reformas institucionais, para produzir uma participação mais ampla da sociedade civil nos fóruns públicos, a redução dos conflitos interinstitucionais do Estado brasileiro e a construção de um sistema de integridade baseado nos valores públicos.

A governança democrática não deve estar assentada em uma visão economicista estreita, mas na valorização da política e da representação como centrais para a construção da integridade pública e da boa gestão das políticas públicas. No caso brasileiro, é evidente que a publicidade só pode ser alcançada com maior transparência. Ou seja, as proposições aqui apresentadas não significam que se deva jogar fora ou abandonar o que alcançamos, mas pensar além das inovações gerenciais, tendo em vista a assertiva de que os valores públicos importam para a construção da democracia. O controle da corrupção, enquanto questão de Estado, deve assegurar o comprometimento da sociedade civil na gestão das políticas públicas, enquanto sujeitos discursivos com voz ativa e capacidade para serem ouvidos, tratando da adequação institucional para a construção do império da lei.

A governança democrática não depende apenas da governabilidade do sistema político, sendo o pleno exercício da autoridade democrática, conforme uma igual consideração dos interesses dos diferentes atores. A regra da publicidade exige que, além da transparência, o Estado e a sociedade caminhem juntos e que o controle da corrupção não seja apenas obra da burocracia estatal, mas, sobretudo, um compromisso republicano de sociedades inteiras.

Referências bibliográficas

ABRUCIO, Fernando Luiz. "Trajetória recente da gestão pública brasileira: um balanço crítico e a renovação da agenda de reformas". *Revista de Administração Pública*, vol. 41, edição especial comemorativa, 2007.

BOZEMAN, Barry. *Public Values and Public Interest: Counterbalancing Economic Individualism*. Washington: Georgetown University Press, 2007.

BRESSER-PEREIRA, Luiz Carlos. "Gestão do setor público: estratégia e estrutura para um novo Estado". In: BRESSER-PEREIRA, Luiz Carlos; SPINK, Peter (orgs.). *Reforma do Estado e administração pública gerencial*. Rio de Janeiro: Editora da FGV, 2001.

ETZIONI, Amitai. "Is Transparency the Best Disinfectant?". *The Journal of Political Philosophy*, vol. 18, n° 3, 2010.

FEREJOHN, John. "Accountability and Authority". In: PRZEWORSKI, Adam; STOKES, Susan; MANIN, Bernard (eds.). *Democracy, Accountability, and Representation*. Cambridge: Cambridge University Press, 1999.

FILGUEIRAS, Fernando; AVRITZER, Leonardo. "Corrupção e controles democráticos no Brasil". In: CARDOSO, José Celso Pereira (org.). *Estado, instituições e democracia*. Brasília: Ipea, 2010.

HEALD, David. "Transparency as an Instrumental Value". In: HOOD, Christopher; HEALD, David (eds.). *Transparency: the Key of Better Governance*. Oxford: Oxford University Press, 2006.

ISLAM, Roumeen. "Do More Transparent Governments Govern Better?". *Policy Research Working Paper*, The World Bank, 2003.

MOTTA, Paulo Roberto. "A modernização da administração pública brasileira nos últimos 40 anos". *Revista de Administração Pública,* vol. 41, edição especial comemorativa, 2007.

PHILP, Mark. "Delimiting Democratic Accountability". *Political Studies,* vol. 57, nº 2, 2009, pp. 28-53.

POLLITT, Christopher. *The Essential Public Manager.* Londres: Open University Press/McGraw-Hill, 2003.

REZENDE, Flávio da Cunha. "Desafios gerenciais para a reconfiguração da administração burocrática brasileira". *Sociologias,* ano 11, nº 21, 2009, pp. 344-365.

SKIDMORE, Thomas. "A queda de Collor: uma perspectiva histórica". In: ROSSEN, Keith S.; DOWNES, Richard (orgs.). *Corrupção e reforma política no Brasil. O impacto do impeachment de Collor.* Rio de Janeiro: Editora da FGV, 1999.

STIGLITZ. Joseph. *On Liberty, the Right to Know, and Public Discourse: the Role of Transparency in Public Life.* Oxford: Oxford Amnesty Lectures, 1999.

TAYLOR, Matthew. "Corruption, Accountability Reforms, and Democracy in Brazil". In: BLAKE, Charles H.; MORRIS, Stephen (eds.). *Corruption and democracy in Latin America.* Pittsburgh: University of Pittsburgh Press, 2009.

TAYLOR, Matthew; BURANELLI, Vinícius C. "Ending up in pizza: accountability as a problem of institutional arrangement in Brazil". *Latin American Politics and Society,* vol. 49, nº 1, 2007, pp. 59-87.

WILLIANSON, Oliver E. *The economic institutions of capitalism.* Nova York: Free Press, 1985.

WORLD BANK. *Managing Development: The Governance Dimension.* Washington, 1991.

Notas

1. Fernando Luiz Abrucio, "Trajetória recente da gestão pública brasileira: um balanço crítico e a renovação da agenda de reformas", *Revista de Administração Pública,* pp. 67-86.

2. Thomas Skidmore, "A queda de Collor: uma perspectiva histórica", in: Keith S. Rossen e Richard Downes (orgs.), *Corrupção e reforma política no Brasil*.

3. Luiz Carlos Bresser-Pereira, "Gestão do setor público: estratégia e estrutura para um novo Estado", in: Luiz Carlos Bresser-Pereira e Peter Spink (orgs.), *Reforma do Estado e administração pública gerencial*.

4. Christopher Pollitt, *The essential public manager*.

5. World Bank, *Managing Development: The Governance Dimension*.

6. Fernando Luiz Abrucio, *op. cit.*

7. Flávio da Cunha Rezende, "Desafios gerenciais para a reconfiguração da administração burocrática brasileira", *Sociologias*, pp. 344-365.

8. Fernando Luiz Abrucio, *op. cit.*

9. Paulo Roberto Motta, "A modernização da administração pública brasileira nos últimos 40 anos", *Revista de Administração Pública*, nº 41, edição especial comemorativa, 2007, pp. 87-96.

10. Joseph Stiglitz, *On Liberty, the Right to Know, and Public Discourse: the Role of Transparency in Public Life*.

11. Oliver E. Willianson, *The Economic Institutions of Capitalism*.

12. Amitai Etzioni, "Is Transparency the Best Disinfectant?", *The Journal of Political Philosophy*.

13. Roumeen Islam, "Do More Transparent Governments Govern Better?", *Policy Research Working Paper*.

14. Importante observar que o fundamento da teoria da agência é uma teoria da firma. Especula-se que no mundo público exista o mesmo problema da formação de preferências na dimensão do mercado, tendo em vista uma concepção microeconômica da política. A esse respeito, conferir Willianson, *op. cit.*

15. John Ferejohn, "Accountability and Authority", in: Adam Przeworski; Susan Stokes; Bernard Manin (orgs.). *Democracy, Accountability, and Representation*.

16. David Heald, "Transparency as an Instrumental Value", in: Christopher Hood e David Heald (orgs.), *Transparency: the Key of Better Governance*.

17. Fernando Filgueiras e Leonardo Avritzer, "Corrupção e controles democráticos no Brasil", in: Alexandre Santos Cunha *et alii* (orgs.), *Estado, instituições e democracia: repúblicas*.

18. Fernando Filgueiras e Leonardo Avritzer, *op. cit.*
19. Matthew Taylor. "Corruption, Accountability Reforms, and Democracy in Brazil", in: Charles H. Blake e Stephen Morris (orgs.), *Corruption and democracy in Latin America.*
20. Matthew Taylor e Vinícius C. Buranelli, "Ending up in pizza: accountability as a problem of institutional arrangement in Brazil", *Latin American Politics and Society,* pp. 59-87.
21. Fernando Filgueiras e Leonardo Avritzer, *op. cit.*
22. Mark Philp, "Delimiting Democratic Accountability", *Political Studies.*
23. David Heald observa que a noção de transparência não fica restrita à política, mas é, também, uma regra de conduta do mercado, com o objetivo de reduzir as incertezas de investimento nos negócios. David Heald, *op. cit.*
24. Amitai Etzioni, *op. cit.*
25. O deputado federal Zé Gerardo foi condenado em 13/5/2010 a pena de 26 meses de prisão, que foi convertida no pagamento de cinquenta salários mínimos e prestação de serviços comunitários. O deputado foi condenado pelo crime de responsabilidade por ter aplicado indevidamente os recursos de convênio federal com o município de Caucaia, no estado do Ceará, para a construção de açudes contra a seca. Os recursos foram utilizados na construção de pontes molhadas, desviando-se da finalidade estabelecida pelo convênio com o Ministério do Meio Ambiente.
26. Matthew Taylor, *op. cit.*
27. Os dados apresentados nesse gráfico e nos seguintes baseiam-se na pesquisa "Corrupção e interesse público", realizada pelo Centro de Referência do Interesse Público (Crip) da Universidade Federal de Minas Gerais (UFMG), em parceria com o Instituto Vox Populi. A pesquisa é fundamentada no método de *survey*, sendo aplicado a uma amostra da população brasileira um questionário estruturado. A amostra foi composta por 2.400 indivíduos, sendo ela estratificada por situação de domicílio, gênero, idade, escolaridade, renda familiar e situação perante o trabalho. Esse processo de estratificação é calculado proporcionalmente de acordo com os dados do Censo Demográfico do IBGE, ano 2000, e pela Pesquisa Nacional por Amostragem de

Domicílio, ano 2006. A amostra proporciona um intervalo de confiança de 95% e uma margem de erro calculada em 2%.

28. Não se avaliou a legalidade da ação do Judiciário e da Controladoria-Geral da União.

29. O caso Daniel Dantas suscitou enorme conflito entre o Judiciário e a Polícia Federal. A prisão do banqueiro em 2008, no âmbito da operação Satiagraha, gerou forte controvérsia a respeito dos limites de atuação da Polícia Federal. O ministro da Justiça abriu processo disciplinar contra os delegados responsáveis pela operação, e o Conselho Nacional de Justiça abriu processo administrativo contra o juiz Fausto De Sanctis, que autorizou a operação e a prisão de Daniel Dantas. As seguidas prisões de Daniel Dantas e os *habeas corpus* expedidos pelo ministro Gilmar Mendes, do Supremo Tribunal Federal, suscitaram enorme debate no âmbito da opinião pública, havendo acusação de ambas as partes — Judiciário e Polícia Federal — a respeito de obstrução das investigações e excesso de uso da força.

30. Amitai Etzioni, *op. cit.*

31. *Ibidem.*

32. Fernando Filgueiras e Leonardo Avritzer, *op. cit.*

33. Matthew Taylor, *op. cit.*

34. Barry Bozeman, *Public values and Public Interest: Counterbalancing economic individualism.*

Sistema de integridade: avanços e agenda de ação para a Administração Pública Federal

Izabela Moreira Corrêa

INTRODUÇÃO

Quando o assunto é corrupção, dá-se sempre ênfase ao extenso rol de casos de malversação de recursos públicos e de redes de clientela, enfim, do uso da máquina pública para benefícios privados, na maioria das vezes sem qualquer menção às ações do Estado — muitas delas à disposição dos cidadãos — para evitá-los e enfrentá-los. Escândalos de corrupção ocupam facilmente as capas dos jornais. É isso mesmo: a corrupção choca, gera perdas sociais e econômicas e faz imperar a desconfiança.

Corrupção é um problema público. Mais que isso, é um problema de amplas repercussões sociais, em diversos aspectos. Deve, portanto, ser objeto de políticas públicas e da articulação do Estado.

A situação não existe apenas no Brasil, na América Latina, na África, em países em desenvolvimento: nenhuma categorização de países conseguiria separar aqueles em que não há corrupção. Ela está presente em todas as jurisdições do mundo. Em cada uma delas, procura-se identificar as causas do problema e conhecer o contexto institucional e cultural em que opera, a fim de que seja possível um projeto de políticas públicas contra corrupção.

Independentemente do local, a corrupção é um problema multifacetado, para se fazer uso de palavras repetidas pelos mais influentes colegas da área de anticorrupção. No Brasil, não é diferente. A corrupção, nas bandas de cá, seja pela herança do patrimonialismo ibérico ou pela necessidade de adequações institucionais, tem causas diversas. A que se deve atribuir a culpa pela corrupção no Brasil e no mundo é o tema tratado nos trabalhos de alguns de meus colegas neste livro.

Este capítulo tem por objetivo apresentar e analisar como o Estado brasileiro, notadamente na esfera federal, tem atuado para criar um serviço público mais íntegro e sem — ou com reduzidas — possibilidades de desvios éticos e de vazamento de recursos, dadas as conhecidas causas da corrupção.

O país avançou consideravelmente, na última década, em relação à promoção de um serviço público mais íntegro. Não há que se esconder que falta muito na luta contra a corrupção e na promoção de um ambiente mais íntegro na administração pública federal brasileira, *ça va sans dire*. Contudo, muito foi realizado e merece destaque, sendo esse o objetivo deste capítulo.[1]

O texto está dividido em duas seções. Na primeira, serão discutidos os avanços para a consolidação de um sistema nacional de integridade, incluindo a criação, o fortalecimento e a coordenação das instituições responsáveis por promover a integridade no serviço público federal e a introdução e consolidação de políticas de controle e de prevenção da corrupção. Na segunda seção, serão expostos os desafios e uma agenda de reformas.

AVANÇOS PARA CONSOLIDAÇÃO DE UM SISTEMA NACIONAL DE INTEGRIDADE

Para a Organização para Cooperação e Desenvolvimento Econômico (OCDE), integridade pública se refere à aplicação dos valores e das normas geralmente aceitas nas práticas cotidianas das organizações do setor público. Para a mesma organização, assegurar a integridade no serviço público significa: (i) alinhamento do comportamento dos servidores públicos com os valores da organização em que trabalham; (ii) serviços públicos rotineiros entregues ao setor privado de maneira limpa e razoável; (iii) recebimento, pelos cidadãos, de tratamento imparcial com base em princípios de legalidade e de justiça; (iv) utilização dos recursos públicos de forma efetiva, eficiente e apropriada; (v) transparência nas decisões públicas e viabilização, através de medidas, do exercício da participação cidadã.

O objetivo do estabelecimento de um sistema nacional de integridade é fazer com que a corrupção — e práticas ilícitas relacionadas — seja de alto risco e baixo retorno. Tal sistema deveria concentrar-se, portanto, na criação de mecanismos para evitar que atos de corrupção ocorram, de forma que não imponham baixos custos e excessos de restrições que reduzam a efetividade dos trabalhos desenvolvidos pela administração pública.[2] A redução da corrupção não é um fim em si mesmo, mas um instrumento para permitir maior avanço do governo em direção à eficácia, à justiça e à eficiência. De acordo com a Transparência Internacional, a integridade também não é um fim em si mesma, mas um caminho que leva ao provimento de serviços públicos à população.[3]

De forma geral, o *Source Book* da Transparência Internacional sobre a criação de sistemas nacionais de integridade ressalta seis áreas de atuação aos governos, a saber: (i) liderança; (ii) políticas públicas para promoção da integridade; (iii) reformas para aumentar eficiência e combater a corrupção; (iv) persecução penal; (v) conscientização; (vi) criação de organizações responsáveis pela prevenção e pelo combate à corrupção.

O Brasil deu grandes passos em direção a diversos dos elementos necessários para a consolidação do sistema de integridade na administração pública federal. Alguns deles, que serão tratados nesta seção, são: (i) criação, fortalecimento e ampliação da coordenação das instituições responsáveis por promover a integridade no serviço público federal; (ii) introdução e consolidação de políticas de controle e prevenção da corrupção.

I. CRIAÇÃO, FORTALECIMENTO E AMPLIAÇÃO DA COORDENAÇÃO DAS INSTITUIÇÕES RESPONSÁVEIS POR PROMOVER A INTEGRIDADE NO SERVIÇO PÚBLICO FEDERAL

A Convenção das Nações Unidas contra a corrupção determina em seu artigo 6º que cada Estado parte garantirá a existência de um ou mais órgãos, segundo procede, encarregados de prevenir a corrupção, inclusive introduzindo a supervisão e a coordenação das políticas, bem como por aumentar e difundir os conhecimentos em matéria de prevenção do fenômeno.

Durante os últimos dez anos, o Brasil criou e fortaleceu as organizações responsáveis pelo controle institucional das contas públicas, além de ter criado mecanismos efetivos de coordenação entre essas organizações. Algumas dessas instituições são a Comissão de Ética Pública da Presidência da República e as comissões de ética dos órgãos e entidades da administração pública federal, a Controladoria-Geral da União, o Departamento da Polícia Federal, o Tribunal de Contas da União e o Ministério Público Federal. Outras organizações, apesar de não serem consideradas autoridades centrais do sistema de integridade no âmbito da administração federal, também exercem um papel importante na instituição de políticas nesse sentido, a exemplo do Ministério do Planejamento, Orçamento e Gestão e do Ministério da Fazenda. Um exemplo do fortalecimento das organizações centrais de integridade é o aumento de seus respectivos orçamentos (Gráfico 1), em relação a 2004.[4]

Gráfico 1. Orçamento de órgãos responsáveis pela promoção da integridade na administração federal, com base em seus orçamentos de 2004

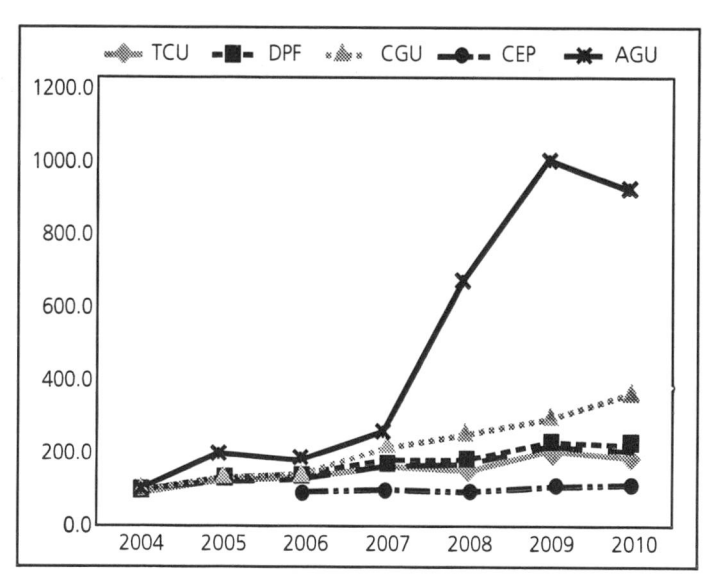

Fonte: Portal Siga Brasil. Disponível em http://www9.senado.gov.br/portal/page/portal/orcamento_senado/SigaBrasil

A Comissão de Ética Pública (CEP) da Presidência da República foi criada em 1999, com a missão de zelar pelo cumprimento do Código de Conduta da Alta Administração Federal, orientar as autoridades para que se conduzam de acordo com suas normas e inspirar, assim, o respeito no serviço público. A comissão é composta por sete cidadãos nomeados pelo presidente da República para um mandato de três anos, prorrogáveis pelo mesmo período — tendo o número de membros aumentado de seis para sete em 2007.

À época de sua criação, os desafios eram promover na sociedade um diálogo sobre o que constitui um comportamento adequado por parte de servidores públicos, e, a partir das conclusões, definir regras de simples e fácil aplicação.[5] Em 1994, juntamente à aprovação do Código de Ética Profissional do Servidor Público Civil do Poder Executivo Federal, os órgãos e entidades da administração federal ficaram obrigados a criar comissões de ética responsáveis por orientar e aconselhar o servidor no âmbito daquele órgão ou entidade específica.

Em fevereiro de 2007, a comissão teve suas competências ampliadas, tornando-se responsável por coordenar, avaliar e supervisionar o Sistema de Gestão da Ética Pública do Poder Executivo Federal, também criado por meio do Decreto 6.029, de 1º de fevereiro de 2007. Em decorrência de sua competência em relação à coordenação do trabalho das comissões de éticas dos órgãos e entidades, a comissão realiza diversos eventos, tais como cursos, seminários e fóruns, para diálogos com os membros das citadas comissões. Em parceria com a Controladoria- Geral da União, em 2008, foi realizado um *survey* — por meio de um procedimento de auditoria —

na administração federal e identificou-se que 73% dos órgãos e/ou entidades possuíam a própria comissão de ética em atuação.

Cumpre citar, ainda que de forma resumida, que desde sua constituição a comissão editou dez resoluções dirimindo questões sobre ética no serviço público federal. A primeira foi editada em 2000, estabelecendo procedimentos para a declaração de patrimônio por altas autoridades no âmbito do Código de Conduta da Administração Federal, e a mais recente data de 2008, definindo normas de procedimentos para os comitês de ética dos órgãos e das entidades. A Resolução nº 08/2003 é de grande relevância, dado que identifica situações que suscitam conflitos de interesse e dispõe sobre a forma de preveni-los, orientando órgãos e entidades.

Enquanto a comissão federal e as comissões de ética dos órgãos e das entidades trabalham na promoção da ética pública, a Corregedoria-Geral da União, órgão da Controladoria-Geral da União, atua para correção disciplinar dos servidores públicos federais.

A Controladoria-Geral da União (CGU) — considerada a agência anticorrupção do Brasil — é responsável pelo controle interno dos atos de governo, pela luta contra a improbidade administrativa, por aumentar a transparência na administração pública federal e por fomentar a ética e a integridade. Criada em 2001, na estrutura da Presidência da República, inicialmente com competência restrita à disciplina administrativa, as funções da CGU têm se expandido (ver Tabela 1). Após cinco anos de criação, ela alcançou sua configuração atual, incorporando a Ouvidoria-Geral da União e as competências de controle interno, prevenção da corrupção e informações estratégicas.

Tabela 1. Evolução da Controladoria-Geral da União

Ano	Evolução
2001	Criação da Controladoria-Geral da União (CGU), inicialmente denominada Corregedoria-Geral da União (CGU/PR), com competências restritas.
2002	A Secretaria Federal de Controle Interno, anteriormente no âmbito do Ministério da Fazenda, é incorporada pela Corregedoria-Geral da União.
2002	Incorporação da Ouvidoria-Geral da União, anteriormente no âmbito do Ministério da Justiça, na CGU.
2003	Alteração da denominação de Corregedoria-Geral da União para Controladoria-Geral da União.
2006	Criação da Secretaria de Prevenção da Corrupção e Informações Estratégicas, no âmbito da CGU.

Em relação ao cumprimento de suas funções precípuas, a CGU tem ampliado de forma significativa as auditorias que realiza e se coordenado com outros órgãos para melhorias em instrumentos de controle interno.[6] A centralização dos serviços de auditoria pela administração pública direta representou uma política deliberada desde 2001, com o intuito de reforçar a qualidade da função, tendo a Secretaria Federal de Controle Interno, da CGU, aumentado de 113, em 2005, para 2 mil, em 2010, o número de auditorias de programas. Em decorrência desse aumento, mais programas federais passaram a ser auditados de maneira sistêmica. Em relação a processos de trabalho alterados para fomentar maior transparência e controle, cita-se, como exemplo, a ampliação da obrigatoriedade de uso dos cartões corporativos do Governo Federal em detrimento de contas "tipo B", em que servidores autorizados poderiam realizar saques para compras de pequeno vulto e, apesar da existência de prestação de contas, a transparência no uso do recurso era reduzida.

Na área de correção, a CGU assumiu, em 2006, o papel de "órgão central" do sistema do Executivo Federal. Desde então, foram instaurados 25.972 procedimentos administrativos disciplinadores, gerando mais de 1.666 sanções de demissão, 137 sanções de cassação de aposentadoria e 1.760 de suspensão.

No tocante às ações de prevenção da corrupção e informações estratégicas, a CGU ampliou, desde a criação da Secretaria, a ênfase da instituição no que tange à promoção da transparência pública e estabeleceu diálogos recorrentes com cidadãos, conselheiros, universidades e setor privado para conscientizá-los e convidá-los a tomar parte de seu papel em relação à consolidação de um sistema nacional de integridade. Merece também citação a criação do Observatório da Despesa Pública, desenvolvido com o objetivo de cruzar dados constantes de grandes bases da administração federal como um meio de identificação de situações atípicas, que seriam passíveis de irregularidades, a fim de desenvolver uma análise mais aprofundada. Depois de detectar um padrão suspeito, o observatório passa a acompanhá-lo regularmente. O ODP não apenas orienta as atividades da Secretaria Federal de Controle Interno, no âmbito da CGU, como também está, desde novembro de 2010, preparando informações gerenciais sobre custos e enviando-as aos gestores de órgãos e entidades da administração federal, passando, portanto, a ser uma ferramenta que auxilia a boa governança e a eficiência das instituições públicas.

No período de cinco anos desde sua criação, a Controladoria-Geral da União consolidou-se não apenas como o órgão responsável pelo controle interno, correção e prevenção da corrupção, mas como organização responsável pela coordenação de diversas ações com outros órgãos e entidades da administração pública federal, atividade indispensável para assegurar o efetivo funcionamento de um sistema de integridade.

Como órgão de coordenação de ações contra a impunidade, a CGU e a Polícia Federal (PF), por exemplo, atuam juntas em operações e em investigações de combate à corrupção, por vezes decorrentes de trabalhos da CGU, comunicadas à Polícia Federal quando há indícios de crime; e por vezes decorrentes de inquéritos policiais, em que a CGU é solicitada a atuar pelas especialidades de seus servidores em determinadas áreas. Com o Conselho de Controle de Atividades Financeiras, a CGU recebe rotineiramente as informações de operações suspeitas que envolvem autoridades ou agentes públicos. A Advocacia-Geral da União já iniciou 440 ações de improbidade com base em informações encaminhadas pela CGU. A CGU e o Tribunal de Contas da União (TCU) articulam-se não apenas formalmente, em decorrência da coordenação exigida constitucionalmente, mas em relação ao compartilhamento de informações, intercâmbio de conhecimento técnico e integração de sistemas.

Internacionalmente, a CGU tem representado o Brasil nos diversos fóruns que debatem a temática de integridade e anticorrupção, tais como no acompanhamento de implementação das convenções da Organização das Nações Unidas (ONU), da Organização dos Estados Americanos (OEA) e da Organização para Cooperação e Desenvolvimento Econômico (OCDE), além de outros foros, como o Grupo de Trabalho do Plano de Ação Anticorrupção do G20. No âmbito desses foros internacionais, diversas avaliações são conduzidas, não apenas possibilitando conhecer o desempenho do Brasil em relação a outros países, mas gerando recomendações para que o país se adeque a padrões internacionais de promoção da integridade pública.

Enquanto a CGU é o órgão responsável pelo controle interno da administração federal, o controle externo é exercido pelo Congresso, com o auxílio do Tribunal de Contas da União (TCU). O controle do TCU não se limita à conformidade da execução do orçamento com as leis e os regulamentos aplicáveis, mas abarca uma avaliação dos aspectos operacionais da ação governamental. Entre suas competências estão avaliar as contas anuais apresentadas pelo presidente, analisar as contas dos administradores e outros servidores em conexão com fundos públicos e bens, impor sanções e medidas corretivas em relação à conduta ilegal e a irregularidades em atos e contratos e resolver queixas apresentadas por cidadãos, partidos políticos, associações ou sindicatos sobre condutas irregulares ou uso ilegal de recursos federais, entre outras também previstas nos artigos 71 e 72 da Constituição. Como exemplo da atuação do TCU, em 2009, a organização aplicou multas a 317 servidores, totalizando 1,2 bilhão de reais em multas e indenizações; exonerou 44 servidores públicos, que foram declarados inelegíveis para ocupar cargos públicos por um período entre cinco e oito anos e impediu 85 empresas de contratação pública com o governo federal por um período médio variando entre três e cinco anos.

Como o TCU não tem competência persecutória, a instituição também trabalha diretamente com o Ministério Público Federal (MPF) para garantir que os protagonistas de casos de má gestão de recursos públicos sejam processados, dado que é a Procuradoria-Geral da República, do MPF, que impõe o pagamento de multas e de indenizações impostas pelo TCU.

A partir da Constituição de 1988, a Advocacia-Geral da União (AGU) passou a responsabilizar-se pela defesa do governo federal contra ações judiciais e pela prestação de consultoria jurídica a órgãos públicos, atuando de forma destacada no combate à corrupção no Brasil. No primeiro semestre de 2010, de acordo com dados da AGU, o órgão recuperou 287,7 milhões de reais em recursos desviados por corrupção no governo, resgate que representa 13% do total — a expectativa do órgão é chegar a 400 milhões de reais de resgate em 2010, uma alta de 35% sobre o ressarcimento conseguido em 2009. A AGU acompanha 2,3 mil processos dessa natureza, que envolvem mais de 2,1 bilhões de reais em verbas desviadas dos cofres públicos.

Quando se trata de corrupção e da consolidação de sistemas de integridade, apresentar as organizações responsáveis pela persecução penal no país é de fundamental importância. Nesse sentido, o avanço alcançado pela Polícia Federal no combate à corrupção merece destaque — é, inclusive, tema de um dos capítulos que compõem este livro. Em artigo que antecede essa publicação, Rogério Arantes[7] mostrou que a corrupção é o crime mais combatido pela Polícia Federal — de seiscentos casos analisados pelo autor, 22,7% tinham corrupção como crime primário. Além disso, Rogério Arantes[8] dá ênfase à coordenação estabelecida entre a Polícia Federal e outras organizações centrais na promoção da integridade no serviço público federal, tais como a CGU, a Receita Federal e, certamente, o Ministério Público. Embora subordinada ao Ministério da Justiça, aquela instituição possui total autonomia para investigar crimes de sua competência. O fortalecimento dessa instituição pode ser tanto ilustrado pelo aumento em seu orçamento (Figura 1) como pelo crescimento no número de seus servidores, que, entre 2001 e 2008, quase dobrou.

O Ministério Público Federal (MPF) é uma instituição "permanente, essencial para a função jurisdicional do Estado e responsável pela defesa da ordem jurídica, a democracia e o interesse público" (artigo 127 da Constituição), podendo intervir de forma proativa no tribunal para proteger os direitos e os interesses individuais e coletivos por meio de uma ação civil ou penal pública.

A atuação do Ministério Público para assegurar a aplicação da legislação anticorrupção é, na maioria das vezes, feita através de improbidade administrativa (prevista na Lei Federal 8429/1992), decorrente de constatações de auditorias realizadas pela CGU, pelo TCU, por outro órgão ou sobre reclamações de particulares. Por meio de iniciativas do Conselho Nacional do Ministério Público e do próprio Ministério Público Federal, diversas atividades de treinamento vêm sendo realizadas em relação à temática anticorrupção, no âmbito do MPF. Exemplo da atenção que o MPF vem dando ao tema foi a criação, em 2010, do grupo de trabalho em convenções internacionais contra a corrupção, responsável tanto pelo estudo e pela sugestão de ações para implementação dessas convenções como por acompanhar casos de alguns dos crimes nelas preconizados.

Além da coordenação institucional fortalecida pelos órgãos de integridade do Executivo Federal, a Estratégia Nacional de Combate à Corrupção e Lavagem de Dinheiro também assegurou que redes formais e informais fossem criadas. Formada em 2003, a Estratégia tem o objetivo de aprofundar a coordenação dos agentes governamentais na prevenção e no combate aos crimes de lavagem de dinheiro e, a partir de 2007, de corrupção, sendo coordenada pela Secretaria Nacional de Justiça, do Ministério da Justiça, e reunindo em média cerca de setenta órgãos dos três poderes da União.

Anualmente, durante as reuniões da Estratégia, os participantes debatem obstáculos ao combate à lavagem de dinheiro e à corrupção e definem metas que devem ser alcançadas no ano seguinte. Até 2010, quase duzentas metas foram estabelecidas, e metade delas foi totalmente alcançada, entre as quais estão a expansão do sistema de monitoramento e o controle de transferências voluntárias de recursos federais, inclusive com a informatização das prestações de contas — meta 22 da estratégia 2007 —, e a realização de oficinas de corregedorias para troca de experiências, com participação dos três poderes e de todas as esferas federativas, com produção de documento conclusivo, divulgando as boas práticas.

A criação, o fortalecimento e a coordenação das organizações centrais do sistema de integridade são significativos para assegurar que as políticas de controle e de prevenção da corrupção sejam definidas e adotadas de forma mais eficiente e racional. Os avanços alcançados pelo Brasil em relação ao desenho e à implementação dessas políticas estão apresentados a seguir.

II. INTRODUÇÃO E CONSOLIDAÇÃO DE POLÍTICAS DE CONTROLE E PREVENÇÃO DA CORRUPÇÃO

De acordo com a OCDE,[9] as reformas pró-integridade recentemente empreendidas pelo Brasil podem ser classificadas em três áreas: (i) aumento da transparência e das possibilidades de engajamento dos cidadãos para fiscalização dos recursos e prestação de serviços públicos; (ii) introdução de controles internos com base em identificação de riscos; (iii) promoção de padrões de conduta entre os agentes públicos federais. A essas reformas acrescentam-se, também, os esforços do Estado brasileiro para aprimorar o marco legal para prevenção e combate à corrupção.

No que diz respeito à transparência, o Brasil avançou muito, desde o ano 2000, na promoção da transparência ativa dos recursos públicos federais (Figura 1).*

Figura 1. Evolução de transparência no Brasil

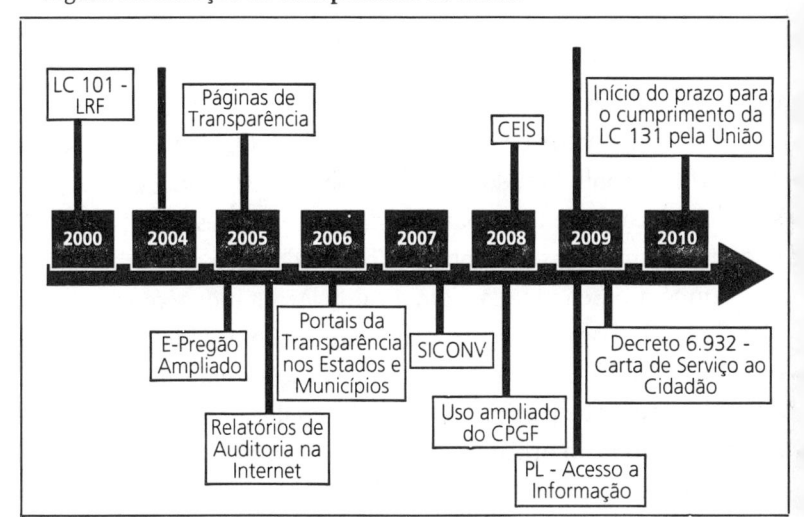

Inicialmente impulsionadas pela institucionalização da Lei de Responsabilidade Fiscal, diversas medidas de transparência das contas públicas foram adotadas no âmbito da administração pública federal. Em se tratando de transparência ativa das contas públicas, o Portal da Transparência do Executivo Federal, implementado e coordenado pela CGU, merece destaque.

---

* 1. LRF — Lei de Responsabilidade Fiscal; 2. SICONV — Sistema de Informações sobre as Transferências Voluntárias da União; 3. CPGF — Cartão de Pagamento do Governo Federal; 4. CEIS — Cadastro de Empresas Inidôneas e Suspensas; 5. PL — Acesso a informação — Projeto de Lei de acesso a informação; 6. LC 131 — Lei complementar 131.

Criada em 2004, a iniciativa evoluiu da divulgação de dados mensais sobre a transferência de recursos e gastos diretos do governo para a divulgação diária, e em planilhas, de dados das despesas (empenho, liquidação ou pagamento). Por meio do Portal da Transparência, é possível conhecer o beneficiário final do recurso público federal e, por esse motivo, ele já foi responsável por levar uma secretária, com status de ministra, a renunciar ao cargo, por gastos irregulares. O portal possui um número crescente de acessos, tendo aumentado de 32.163 por mês, em 2004, para 247.047 em 2010, disponibilizando consultas sobre receitas do Executivo, servidores e cargos que ocupam e cadastro de empresas declaradas inidôneas e suspensas de contratar com a administração pública.

Também o Senado e a Câmara dos Deputados têm sites — Siga Brasil e Fiscalize, respectivamente — com dados sobre o orçamento da União e sua respectiva execução financeira. Esses, contudo, apesar de permitir ao cidadão conhecer as leis aprovadas durante o ciclo orçamentário, não apresentam os beneficiários finais dos recursos públicos federais, como é o caso do Portal do Executivo Federal, o que viabiliza a fiscalização por parte dos cidadãos.

Além do Portal da Transparência, cada órgão ou entidade da administração pública federal deve publicar na internet uma página de Transparência Pública com, no mínimo, informações sobre sua execução orçamentária, licitações, contratos, convênios, diárias e passagens e empresas declaradas inidôneas e suspensas. Desde sua regulamentação, em 2006, mais de quatrocentos órgãos e entidades implementaram suas páginas, mas dificuldades vêm sendo encontradas pelas estatais para adotarem as páginas, conforme ressaltado por estudo do Instituto de Finanças e Controle:[10] das 112 estatais, apenas oito haviam adotado suas respectivas páginas.

Com a promulgação da Lei Complementar 131, em 27 de maio de 2009, que emenda a Lei de Responsabilidade Fiscal, os três poderes da União, dos estados, do Distrito Federal e dos municípios passaram a ser obrigados a divulgar na internet, em tempo real, informações pormenorizadas sobre a execução orçamentária e financeira. Essa legislação fomentou, e ainda fomenta — dado que o prazo de adequação de municípios menores é de quatro anos —, mais transparência ativa de dados financeiros e orçamentários em todos os poderes e esferas da Federação.

Outra medida de transparência ativa para fomentar a boa governança no uso dos recursos públicos federais é, por exemplo, a divulgação de dados no Comprasnet. Iniciativas de transparência ativa não têm, contudo, se restringido a dados orçamentários e financeiros. Recentemente, a Secretaria de Logística e Tecnologia da Informação, do Ministério do Planejamento, Orçamento e Gestão, deu início a uma iniciativa que objetiva reunir em um único site as diversas áreas de transparência dos sites eletrônicos dos órgãos e das entidades da administração pública federal. Ministérios, de forma individual, também têm tornado públicas informações sobre os resultados e impactos de políticas, como é o caso nos ministérios do Desenvolvimento Social e Combate à Fome[11] e do Ministério da Saúde.[12]

O Conselho Nacional de Justiça também tem atuado para promover a transparência no âmbito do Judiciário. A título de exemplo, pode-se citar a publicidade dada às contas do Judiciário e as ações do próprio, mediante a divulgação de bancos de dados com informações judiciais, tal como o Cadastro Nacional de Condenações Cíveis por Ato de Improbidade Administrativa.

Em 2009, no âmbito do Programa Gespública, do Ministério do Planejamento, organizações públicas federais passaram a ser obrigadas a fornecer informações sobre os serviços que oferecem, a estabelecer padrões de prestação de serviço, a avaliar a satisfação dos usuários de seus serviços e a publicar os resultados do seu desempenho (Decreto Federal 6.932/2009). A padronização de tempos para entrega de serviços públicos e a transparência em relação à satisfação de seus beneficiários reduzem os espaços para corrupção, uma vez que criam parâmetros para o que se deve esperar na prestação de um serviço por parte do órgão público. O mesmo decreto determina que os órgãos e entidades do Executivo não poderão exigir do cidadão a apresentação de certidões ou de documentos expedidos por outro órgão ou entidade do Executivo, reduzindo não apenas o excesso de processos, mas também as possibilidades de corrupção pelo excesso de interação entre o setor privado e o público.

De acordo com Pope,[13] o envolvimento da sociedade civil é crucial para o sucesso de qualquer política anticorrupção, dado que algumas das soluções dependem integralmente dela, como é o caso da necessidade de reduzir a apatia ou a tolerância à corrupção. É claro que em países onde a corrupção é presente muitas vezes a sociedade civil é fraca e, por isso, é preciso capacitar aqueles que desejam participar e fomentar a participação daqueles com condições de fazê-lo. Nesse sentido, a Constituição de 1988 institucionalizou a figura dos conselhos no Brasil, entre políticas que viabilizam a participação da sociedade civil no processo de formulação, monitoramento e avaliação de políticas públicas, tendo como competência a avaliação e o monitoramento da implementação de políticas públicas.

Para assegurar que os cidadãos representados nos conselhos sejam capacitados a exercer fiscalização dos recursos públicos e dos resultados alcançados pelas políticas, é preciso treinamento e independência. De 2004 a 2010, a Controladoria-Geral da União treinou 9.700 conselheiros. O TCU também criou, em

2001, a política Diálogo Público, que objetiva incentivar a participação ativa de representantes da sociedade na fiscalização de recursos públicos, e edita manuais para orientar conselheiros sobre como fiscalizar a aplicação de recursos públicos. Contudo, de acordo com a pesquisa "Corrupção, democracia e interesse público", apenas 56% dos conselheiros da amostra acreditam que os conselhos de políticas públicas contribuem para coibir a corrupção, e 8,4% dos conselheiros informaram detectar com frequência corrupção em suas deliberações.

Além da participação em instâncias como os conselhos, as conferências e as audiências públicas, os cidadãos, no Brasil, também têm a prerrogativa de propor leis, as quais, para serem consideradas pelo Legislativo, devem ser apoiadas por um número de assinaturas que totalize ao menos 1% do censo eleitoral nacional, compreendendo um mínimo de 0,3% dos eleitores inscritos em ao menos cinco estados. Em 2010, foi a vez do Projeto de Lei 518/2009 — Projeto da Ficha Limpa —, de iniciativa popular, relativo à inelegibilidade de candidatos envolvidos em atos de corrupção e outras atividades criminosas.

Políticas de integridade envolvem, ainda, ética no serviço público e controles institucionais, pois uma administração pública com abordagem ética é, majoritariamente, preventiva. Nos últimos dez anos, redes formais foram criadas para assegurar a coordenação e a coerência no desenvolvimento de princípios e normas de conduta. O Sistema de Correção e o Sistema de Gestão da Ética na administração pública federal foram criados em 2005 e 2007, respectivamente, para alinhar as normas, os procedimentos técnicos e as práticas de gestão da ética e disciplinar a administração pública federal. Existem, hoje, mais de 210 comissões de ética e trinta corregedorias nos órgãos e entidades da administração federal.

Alguns dos comitês de ética ainda apresentam atuações limitadas, enquanto outros são mais atuantes. Apesar das orientações da Comissão de Ética Pública, da Presidência da República, o desempenho de cada uma das comissões depende delas próprias. Contudo, grandes avanços foram alcançados em relação ao tema, por exemplo, na área de prevenção e de combate ao nepotismo. Em 2008, o Supremo Tribunal Federal editou a Súmula Vinculante 13, proibindo o nepotismo direto e cruzado nos três poderes e nos três entes da Federação. A edição dessa Súmula foi seguida por uma série de normativos infralegais regulamentando a proibição. No âmbito da administração federal, a proibição foi regulamentada pelo Decreto 7.203, de 4 de junho de 2010, e tem sido monitorada pela Controladoria-Geral da União, que encaminhou diversos comunicados aos órgãos em que identificou casos de potencial nepotismo.

Um sistema de integridade completo prevê, ainda, a existência de organizações estatais formalmente competentes para realizar ações que vão desde a supervisão de rotina até a aplicação de sanções legais contra atos delituosos de seus congêneres do Estado. Em outras palavras, prevê-se a existência de mecanismos de *accountability* horizontal. De acordo com a Transparência Internacional, esses mecanismos dividem-se em: (a) os controles internos; (b) os controles de contas (que têm a função de controlar as contas públicas, subsidiando os legislativos); (c) os controles legislativos e (d) controles judiciários.

De acordo com relatório da OCDE sobre a avaliação do sistema de integridade da administração federal, o Brasil tem sua gestão apoiada em sistemas automatizados, que requerem segregação de funções e documentação para o processo de tomada de decisão. Além do aumento no número de auditorias de programas, a Controladoria-Geral da União tem realizado, desde 2003, uma média de 4 mil auditorias anuais, definidas por meio de sorteios públicos, nos governos subnacionais, para avaliar a aplicação dos recursos federais adotados pelos demais entes da Federação.

No Brasil, o controle de contas, conforme definido pela Transparência Internacional, é realizado pelo Tribunal de Contas da União. Além das auditorias e do que foi citado sobre o TCU na primeira parte deste capítulo, cumpre citar que a Constituição Federal dá ao Congresso e suas respectivas comissões a possibilidade de solicitar ao TCU a realização de fiscalizações e auditorias (artigo 71-IV). No ano fiscal de 2009, por exemplo, o número de auditorias iniciadas a pedido do Congresso foi 246 (28% do total).[14] Em relação ao combate à corrupção, ao Judiciário compete resolver os recursos interpostos contra as sanções administrativas impostas pelas autoridades competentes e atuar no âmbito de processos penais contra indivíduos alegadamente envolvidos em comportamentos corruptos. Não há que se discutir, pois, a relevância desse poder para a promoção de um ambiente público e privado de integridade.

No tocante ao fortalecimento do Judiciário, é relevante citar a criação em 2004 do Conselho Nacional de Justiça (CNJ), como órgão de controle externo do Judiciário, responsável por aumentar a transparência e a responsabilização do sistema judicial, garantindo a autonomia do Judiciário e respeitando as normas aplicáveis aos juízes e tribunais. Para dar cumprimento a sua missão, o Conselho Nacional de Justiça tem desenvolvido uma série de ações voltadas para a melhoria da eficiência e da eficácia na administração do Judiciário no Brasil. O Conselho Nacional de Justiça também tem compilado, sistematizado e divulgado dados relativos ao Judiciário brasileiro. A iniciativa "A Justiça em números" disponibiliza estatísticas sobre o número de juízes, processos etc., contribuindo para a transparência e a responsabilidade no sistema judicial.

Em todos os aspectos, o avanço alcançado até o momento merece destaque e, mais que isso, recursos para continuidade e aprimoramento. A última década representou, sem dúvida, um grande passo em direção à criação e ao fortalecimento do sistema de integridade da administração pública federal, mas há, ainda, uma agenda de reformas a ser adotada. Esse é o tema da próxima seção.

DESAFIOS: AGENDA DE REFORMAS

Desde o início da década — em algumas áreas, como participação do cidadão, desde a institucionalização da Constituição de 1988 —, a administração federal avançou bastante em direção à consolidação de um sistema de integridade. Há, contudo, bastante espaço para o aprimoramento e o fortalecimento de medidas e de instituições.

Tomando por base os elementos de um sistema nacional de integridade, conforme apresentado no *Source Book* da Transparência Internacional e os quatro pilares de integridade, conforme definido pela OCDE (definição de integridade, orientação, monitoramento e responsabilização), é possível definir uma agenda de reformas a ser seguida pelo Brasil.

Na área de promoção da ética, tramita no Congresso, desde 2005, um projeto de lei que define o conflito de interesses e au menta a obrigação de quarentena para ocupantes de determina dos cargos. Além disso, o projeto amplia as competências da Controladoria-Geral da União em relação ao monitoramento de situações de potencial conflito de interesses, que ainda precisa ser fortalecido no Brasil para ser efetivo. Todavia, cumpre ressaltar que ética, em especial, é um assunto que, para ser disseminado nas organizações, deve ser trabalhado em treinamentos, diretrizes e códigos, pois a característica legalista das normas de ética não é suficiente para assegurar que os agentes públicos seguirão as práticas definidas nos diversos normativos.

Em pesquisa realizada pelo Centro de Referência do Interesse Público, da Universidade Federal de Minas Gerais,[15] apenas 50% dos servidores informaram ter recebido alguma formação sobre ética no serviço público. Algumas organizações, como é o caso do Banco Central, têm regulado o tema em seus respectivos códigos de conduta, criados com a participação de seus servidores e amplamente difundidos internamente, reduzindo as possibilidades de casos de conflito de interesses.

Na área de transparência e da sociedade civil, apesar de o país ter dado passos amplos para promoção de maior transparência ativa, ainda não se possui uma lei de acesso à informação que defina procedimentos, períodos, obrigações e direitos para a concessão de informação pelo Estado. Conforme exposto na Figura 1, em 2009, o Executivo enviou ao Congresso um projeto de lei regulamentando o direito de acesso à informação pública em todo o país, instrumento indispensável para dar condições de participação efetiva à população.

Mesmo na promoção da transparência ativa, de forma sistematizada, o Brasil tem alcançado bons resultados quando o tema é transparência de informações financeiras e orçamentárias. Apenas recentemente os esforços têm aumentado para a organização e a divulgação de informações sobre as competências e os resultados alcançados pelas organizações da administração pública federal. Iniciativas como a carta de serviços ao cidadão, que aumentam a transparência de políticas públicas ao mesmo tempo em que racionalizam os processos da administração pública, necessitam ser amplamente adotadas, notadamente em processos vulneráveis, como é o caso da concessão de licenças e procedimentos de compras públicas. A transparência permite que mesmo procedimentos vulneráveis tenham alguns de seus controles horizontais racionalizados, em favor de maior transparência.

Ainda na área de promoção da transparência pública e participação da sociedade civil, o Brasil precisa avançar em direção à regulamentação das atividades de intermediação de interesses, ou seja, *lobby*, que, quando realizada sem práticas ilícitas, é legítima, e, mais que isso, desejável, pois grupos de pressão levam aos governos dados que podem orientar um processo de tomada de decisão mais informado. O *lobby* não é um fenômeno recente nos procedimentos de tomada de decisões públicas: o conceito é bastante antigo, e um estudo da OCDE sobre a regulamentação do tema mostrou que não há uma definição única, uma vez que cada legislação enfatiza preocupações particulares dos países.[16]

No tocante aos controles horizontais, mesmo com todo o progresso promovido pelo Brasil nos últimos anos, o país pode continuar fortalecendo suas medidas de prevenção da corrupção e gestão de riscos à boa governança. É preciso que não só as organizações centrais do sistema de integridade, mas também os órgãos e entidades, individualmente, possuam ferramentas — tais como manuais, treinamentos e controles administrativos — para evitar riscos de má gestão.

Em relação aos controles externos, especificamente os controles judiciais, cumpre destacar que o Conselho Nacional de Justiça, ao definir metas anuais para o Judiciário, tem, desde sua criação em 2004, promovido mudanças significativas nesse poder, especialmente em relação ao controle e à transparência administrativa e processual. Contudo, o Judiciário brasileiro ainda contribui aquém do esperado, em decorrência do excesso de garantias presente na legislação processual penal. Apesar de o quadro da impunidade na administração federal ter mudado após a consolidação do sistema de corregedorias e das parcerias de diversas organizações centrais de promoção da integridade, o Brasil ainda é um dos países que fornecem as maiores possibilidades de protelações das ações, o que, necessariamente, leva à sensação de impunidade. É urgente — e não é tema novo na agenda de reformas — que a legislação processual penal brasileira seja debatida e amplamente reformada para permitir a aplicação de sanções efetivas em indivíduos envolvidos em atos de corrupção.

A agenda de reformas estende-se, também, a temas relacionados ao sistema de representação, em menção direta à reavaliação do modelo de financiamento de campanhas políticas. Da forma como é estruturado hoje, o modelo de financiamento de campanhas no Brasil oferece diversos riscos e, de acordo com Speck,[17] uma reforma da legislação pode incluir três abordagens: (i) limites e vedações ao financiamento, de origem e quantidade; (ii) financiamento público de campanha; ou, (iii) criação de maior transparência no financiamento de campanha. Independentemente do modelo a ser adotado — e não se estabelece aqui defesa de qualquer um deles —, o debate sobre as regras que vigoram hoje sobre o financiamento público de campanhas é mais que necessário, é urgente. Muitos dos compromissos informais estabelecidos durante os períodos eleitorais não são apenas indesejados: são escusos.

A adoção de reformas para a promoção da integridade só não é mais urgente que assegurar sua sustentabilidade e efetividade. Grande parte dos temas foi implementada, está em implementação ou presente na agenda política do país; é preciso sair do discurso para a ação. O Brasil é um país federativo e muito do realizado até o momento concentra-se na esfera federal, mas as práticas precisam ecoar nos estados e municípios. O acesso à informação ainda precisa ser adotado, e a sociedade ainda precisa conhecer suas regras.

Referências bibliográficas

ARANTES, Rogério B. "The Brazilian 'Ministério Público' and political corruption in Brazil". *Centre for Brazilian Studies Working Paper*, n° CBS-50-04, 2004.

ARANTES, Rogério B. "Corrupção e instituições políticas: uma análise conceitual e empírica". 7° Encontro da Associação Brasileira de Ciência Política, Recife, 2010.

AVRITZER, Leonardo. *Participatory Institutions in Democratic Brazil.* Washington: Woodrow Wilson Centre Press, 2009.

CEP (Comissão de Ética Pública). *Relatório da Comissão de Ética Pública,* 2001. Disponível em: http://www.presidencia.gov.br/estrutura_presidencia/cepub/

CGU. *PII: Plano de integridade institucional, controle dos recursos públicos e prevenção da corrupção, 2007-2010.* CGU, 2009.

DAMATTA, Roberto. "Considerações socioantropológicas sobre a ética na sociedade brasileira". Informe de consultoria apresentado ao Banco Interamericano de Desenvolvimento, 2001.

FILGUEIRAS, Fernando. *Corrupção, democracia e legitimidade.* Belo Horizonte: Editora UFMG, 2008.

INSTITUTO DE FINANÇAS E CONTROLE. Transparência nas Estatais. Brasília, 2009. Disponível em: http://personalizados.msisites.com.br/ifc/img/ tb24_texto_fotos_1_650_relataasobreatransparairnasaestatais. pdf

MENDEL, Tobi. *Freedom of Information: A Comparative Legal Survey.* Paris: Unesco, 2008.

OCDE. "Trust is Government: Ethics Measurs in OECD countries". Paris: OCDE, 2000.

_____. "Public Sector Integrity: A Framework for Assessment". Paris: OCDE, 2005.

_____. "Components of Integrity: Data and Benchmarks for Tracking Trends in Government". GOV/PGC/GF(2009)2. Paris: OCDE, 2009.

_____. "Lobbyists, Government and Public Trust Volume 1: Increasing Transparency Through Legislation". Paris: OCDE, 00.

_____. "Towards a Sound Integrity Framework: Instruments, Processes, Structures, and Conditions for Implementation". GOV/PGC/ GF(2009)1. Paris: OCDE, 2009.

_____. "Post-Pubic Employment Good Practices for Preventing Conflict of Interest". Paris: OCDE, 2010.

_____. "Principles for Transparency and Integrity in Lobbying". C(2010)16. Paris: OCDE, 2010.

_____. "Brazil: Managing Risk for a Cleaner Public Service". GOV/PGC/ ETH(2010)3. Paris: OCDE, 2010.

POGREBINSCHI, Thamy; SANTOS, Fabiano. "Contra a falácia da crise institucional: conferências nacionais de políticas públicas e o impacto (positivo) sobre o Congresso". *Insight Inteligência*, 2010. Disponível em: http://www.insightnet.com.br/inteligencia/49/

POPE, Jeremy. *Confronting Corruption: the Elements of a National Integrity System* (TI Source Book). Berlim: TI, 2000.

Projeto de Cooperação Técnica entre a Controladoria-Geral da União e a Unesco. "Política brasileira de acesso a informações públicas: garantia democrática do direito a informação, transparência e participação cidadã". Brasília, 2010.

SPECK, Bruno Wilhelm. "O financiamento de campanhas eleitorais." In: AVRITZER, Leonardo; ANASTASIA, Fátima (orgs.). *Reforma política no Brasil*. Belo Horizonte: Editora UFMG, 2006.

UFMG. Centro de Referência do Interesse Público. "Relatório de pesquisa: projeto corrupção, democracia e interesse público". Belo Horizonte: UFMG, 2010.

Notas

1. Diversas conclusões deste capítulo foram extraídas do relatório da Organização para Cooperação e Desenvolvimento Econômico (OCDE) sobre a avaliação do sistema de integridade da administração pública federal, encomendado pela Controladoria-Geral da União, em 2010, de forma voluntária.

2. Jeremy Pope, *Confronting Corruption: The Elementss of a National Integrity System* (TI Source Book), p. VIII.

3. *Ibidem*, p. 23.

4. O período escolhido deve-se às informações disponíveis.

5. Comissão de Ética Pública, *Relatório da Comissão de Ética Pública.*

6. Controle interno pode ser entendido como processos dinâmicos que contribuem para reforçar a integridade, prevenir os riscos e fornecer uma garantia razoável para que as organizações do setor público estabeleçam limites contra a má gestão dos recursos (ativa e passiva) e desperdícios, prestem serviços de qualidade e cumpram a legislação e as normas de conduta.

7. Rogério B. Arantes, "Corrupção e instituições políticas: uma análise conceitual e empírica", p. 7.

8. *Ibidem.*

9. Organização para Cooperação e Desenvolvimento Econômico, *PosPublic Employment good Practices for Preventing Conflict of Interest*, p. 4.

10. OCDE, "Brazil: Managing Risk for a Cleaner Public Service", p. 4.

11. Ver aplicações.mds.gov.br/sagi/mi2007.

12. Ver www.saude.gov.br

13. Jeremy Pope, *op. cit.*

14. TCU, 2009 apud OCDE, 2010.

15. Centro de Referências do Interesse Público, "Relatório de Pesquisa — Corrupção, democracia e interesse público".

16. Organização para Cooperação e Desenvolvimento Econômico, *Lobbyists. Government and Public Trust Volume 1: Inoreasing Transparency Through Legislation*, p. 18.

17. Bruno W. Speck, "O financiamento de campanhas eleitorais", in: Leonardo Avritzer e Fátima Anastásia (orgs.), *Reforma política no Brasil*, pp. 155, 156.

A fila dupla não sai nos jornais

Maria Cristina Fernandes

Em dezembro de 2009, o presidente Luiz Inácio Lula da Silva e o governador do Estado do Rio, Sérgio Cabral, visitavam obras do Plano de Aceleração do Crescimento (PAC) em Manguinhos, zona norte da capital, quando Leandro dos Santos, estudante de 18 anos, identificou-se como repórter da comunidade e perguntou se poderia se aproximar. O presidente autorizou. Leandro perguntou por que não se podiam usar as quadras que as autoridades estavam visitando. Nem o presidente da República nem o governador do Rio responderam a Leandro, mas Lula quis saber de que esporte o garoto mais gostava. Leandro respondeu que o esporte de que mais gostava era tênis.

— Isso é esporte de burguesia, p... — retrucou o presidente, com uma intimidade desbocada de pai com filho adolescente.
— Por que você não faz natação?
— A gente não pode entrar na piscina.
— Por quê?
— Porque não abre para a população.

A conversa se mantinha sob controle até que o governador não se conteve:

— Que história é essa de que não abre à população?
— Foi isso que eu vim perguntar.

Nessa hora, o presidente se vira para Cabral e para os secretários e diz:

— Se a imprensa vier aqui num fim de semana e pegar a porta fechada, o prejuízo político é infinitamente maior do que se colocar dois guardas aí na porta. Coloca dois bombeiros aí para tomar conta e abre isso.

Foi a deixa para Leandro continuar:

— A gente acorda de manhã com o caveirão na porta.

O governador, já exibindo descontrole, retrucou:

— E o tráfico?

— Na minha rua não tem.

— O que não tem? Isso é discurso de otário. Vai estudar, seu sacana.

A essa altura, o presidente apenas olhava para a discussão. Nenhum deles imaginava que, nove meses depois, em plena campanha eleitoral, a imagem, apenas no YouTube, seria vista por mais de 100 mil pessoas.

Cabral foi reeleito em primeiro turno com expressiva votação, e Lula passaria à história como o primeiro presidente eleito a fazer o sucessor, mas o episódio, a despeito da ausência de impacto eleitoral, mostrou, às vésperas da campanha de 2010, como a internet chegou para afetar a esfera pública.

A imprensa, que àquela altura já publicara denúncias de toda espécie sobre o PAC, ainda não havia se prestado a informar que uma de suas obras não servia à população. Desde que foram lançadas, as obras do PAC passaram a ser assíduas frequentadoras das reprimendas do Tribunal de Contas da União, mas em denúncias incapazes de mobilizar o cidadão porque refletem antes a disputa entre os interesses encastelados no Estado que os daqueles cujo cotidiano é diretamente afetado pela prestação do serviço público. Numa campanha marcada pela radicalização nas relações entre o presidente da República e a imprensa, o episódio do franco repórter de comunidade mostrou como o cidadão pode reivindicar sua cota na defesa do interesse público que o Estado e a mídia fracassaram em monopolizar.

Se a corrupção se dissemina é porque ainda se cultiva uma noção difusa de defesa da cidadania. O jornalismo que investiga e denuncia tanto a servirá melhor quanto for capaz de expor os conflitos na disputa pelo Estado e por eles trafegar com independência. É nessa rota que se encontram quase todos os percalços da relação da imprensa com os escândalos de corrupção.

A imprensa é parte da disputa democrática pelo Estado, e a essa serve tanto em benefício de sua explicitação quanto no acobertamento de seus ditames. Há uma lógica jornalística que lhe é própria e nem sempre se encaixa nos pressupostos da teoria vigente. Domina a imprensa uma concepção ainda difusa de defesa da cidadania no âmbito da qual a corrupção aparece como fenômeno pouco preciso e descolado de interesses consolidados e duradouros. Esse descolamento impede não apenas o esclarecimento dos nexos de interesse que dão corpo e materialidade à corrupção, mas também obstrui seu combate efetivo pela sociedade e pelo Estado.

Este artigo tomará a crônica da eleição de 2010 como o mais recente episódio dessa relação, não sem antes passar pela recente evolução do mercado jornalístico e o impacto da internet, além dos dados de pesquisa Vox Populi sobre a percepção da corrupção pela opinião pública. Tentará mostrar que o espaço ocupado pelas denúncias tem sido inversamente proporcional à identificação dos interesses em disputa nas campanhas eleitorais. E a hipótese aqui levantada é que essa relação guarda causa e efeito.

O MERCADO EM MUDANÇA

A imprensa passa por mudanças no mundo inteiro e, no Brasil, o novo perfil de renda do leitor lhe deu uma conformação específica. O avanço da internet, somado à crise financeira de 2008, é o combustível dessas transformações que têm fechado jornais e reduzido o emprego nas redações. As pesquisas começam a detectar que nos países ricos o público que se informa pela internet já supera aquele que acompanha o noticiário dos jornais.[1]

No Brasil, o impacto tem de ser matizado pela amplitude do mercado leitor. Dados da Associação Mundial de Jornais colocam o Brasil, numa lista de 187 países, em 101º lugar em circulação de jornais; ou seja, os brasileiros leem menos que a maior parte dos povos no mundo — representando um décimo da leitura registrada na Colômbia, um quinto da americana e quase metade daquela que se verifica na Argentina.[2] É um dado tão recorrente quanto as deficiências da escolaridade nacional. Quando a melhoria no ensino começar a se refletir no público leitor, o meio e sua mensagem já terão passado por mudanças.

A circulação dos jornais tradicionais do eixo Rio-São Paulo-Brasília manteve-se, ao longo da primeira década do século XXI, mais ou menos estagnada numa faixa inferior a um milhão de exemplares. Em outras capitais e no interior, no entanto, a curva é de crescimento. A estagnação que atinge os jornais mais caros não se reproduz na chamada imprensa popular, uma vez que três dos dez maiores jornais em circulação no país no primeiro semestre de 2010 eram tabloides populares.[3] Essas mudanças têm sido concomitantes à redistribuição da fatia publicitária destinada pelo governo federal à mídia.[4]

O meio impresso se transforma, mas a informação no país continua sendo, principalmente, a da televisão, que é, em grande parte, pautada pelo noticiário impresso.[5] E esse mercado também tem sido marcado por uma paulatina desconcentração, sendo que em 2010 apenas três emissoras alcançavam audiência de dois dígitos. A abertura da telefonia, na década de 1990, também levou à entrada de empresas estrangeiras num mercado em mutação pelo advento de canais pagos e da digitalização. A porta dessas empresas tem sido a internet, que já avança sobre a fatia de mercado dos meios tradicionais, principalmente na atração dos novos consumidores da chamada classe C.

A propriedade dos meios de comunicação tradicionais ainda oferece limitações ao capital estrangeiro. O acirramento da competição, somado à proposta governista de universalização da banda larga, permeou as discussões, ao final do governo Lula, sobre a regulação desse mercado.[6]

A internet tem sido instrumento tanto de governos quanto de campanhas eleitorais na busca de alternativas aos filtros dos meios de comunicação tradicionais, mas parece claro que na velha dicotomia imprensa e governo, o vencedor está fora do campo de batalha. Nos Estados Unidos, por exemplo, o governo Obama, depois de ter sido vanguardista no uso da internet na campanha eleitoral e na comunicação direta com os cidadãos, viu-se às voltas com o vazamento pela rede de documentos secretos com atrocidades da guerra do Afeganistão.[7]

No Brasil, a internet mostrou que se alguma militância ainda resta, é a virtual, pois, durante uma campanha que mobilizou 135,8 milhões de eleitores, a internet contava com 67,5 milhões de usuários[8] — desses, 8,6 milhões usavam o Twitter, os textos de 140 caracteres divulgados por aparelhos móveis que selaram o avanço da convergência digital no país. A rede social mais usada era o Orkut, com 29,4 milhões de usuários. O Facebook tinha no país 8,9 milhões de contas.

Segundo o monitoramento feito pelo UOL 72 horas antes do segundo turno, a candidata do Partidos dos Trabalhadores (PT), Dilma Rousseff, havia sido mencionada 98.297 vezes no Twitter, enquanto Serra amealhava 94.381 citações. Somado às chamadas redes sociais, o Twitter favoreceu a desconstrução da imagem dos candidatos, potencializando as acusações de lado a lado.[9]

Quando a ex-ministra da Casa Civil Erenice Guerra foi atingida por denúncias de corrupção, o caso foi líder mundial de menções no Twitter, e as reações negativas à cobertura da imprensa também chegaram ao topo das citações mundiais da rede.[10]

Com monitoramento de origem e propagação mais difícil, os *spams*, mensagens enviadas por e-mail, foram o instrumento de acusação mais duvidoso de toda a campanha. Como nem sempre é possível identificar a origem dos *spams*, esses se transformaram no método preferido do submundo das acusações. E, nesse sentido, tiveram um alcance que especialistas avaliam ter sido mais abrangente que o do Twitter.

As equipes dos candidatos aproximaram-se da internet inspiradas no modelo da campanha de Obama em 2008. No entanto, ao contrário dessa que usou a rede majoritariamente para mobilizar eleitores, a brasileira, ainda que tenha se prestado a mostrar o outro lado da notícia, frequentemente ocultado pelos jornais, acabou servindo de munição à guerra de acusações de que se ocupou a imprensa durante a campanha.

A entrada da internet no jogo da comunicação contribuiu para trazer a lume o contraditório, mas será tanto mais efetiva quanto mais for capaz de encurtar as distâncias entre o Brasil real e o noticiário. Se a pauta da imprensa no eixo Rio-São Paulo-Brasília parece pouco relevante para a decisão de voto da maioria é porque seu público leitor ainda está excessivamente concentrado em parte da classe média tradicional. Parece não haver outra possibilidade de sobrevivência para os jornais senão pela integração ao mercado de leitores que as novas mídias têm trazido à esfera pública, e não poderá fazê-lo sem enfrentar o viés da classe média tradicional.

OS VÍCIOS DA PAUTA JORNALÍSTICA

Tem Brasília demais e Brasil de menos na cobertura política que se diz nacional, o que se reflete na má vontade do jornalismo político desde as emendas parlamentares ao Orçamento e até com o voto proporcional.

Os jornais não produzem seus vícios por prestidigitação. O culto à governabilidade, que se sobrepõe ao valor da representação, tem dominado em grande parte o debate político brasileiro, mesmo quando as legislaturas dão sucessivas demonstrações de que não têm tido poder de veto.

Salta aos olhos a desproporção entre notícias relativas ao Congresso, às Assembleias Legislativas e às Câmaras Municipais. E nem sempre são os grandes temas nacionais em tramitação que movem a cobertura do Legislativo federal, mas a guerra do declaratório, dos *off the record* e do denuncismo, sendo o resultado um jornalismo excessivamente pautado pelas fontes e para elas escrito.

A dificuldade da imprensa em identificar os interesses em disputa explica muitos de seus vícios. A regulamentação do présal, por exemplo, teve sua tramitação no Congresso tratada em muitos meios como parte do noticiário econômico pela dificuldade de se identificar os interesses associados aos partidos, aos parlamentares e a setores do Executivo que disputam internamente.

No afã de cobrar ética na política, os jornalistas, muitas vezes, são levados a descuidar da ética da política, ou seja, na avaliação das políticas públicas — por exemplo, os temas de educação e de saúde pública somente costumam ganhar espaço no noticiário político quando está em pauta alguma denúncia do Enem ou a aprovação da CPMF. Já as greves no transporte público sempre terão espaço porque tumultuam o trânsito e os funcionários do leitor podem chegar atrasados.

O foco da informação somente passará a abrigar a discussão das políticas públicas quando o processo de ampliação da base social e geográfica de leitores que já está em curso ganhar magnitude. Quanto mais o jornalismo procurar entender a relação entre o eleitor e seus representantes, menos surpreendido ficará pelo resultado das urnas e pelo desfecho dos governos. E entre os muitos vieses de uma reportagem, aquele de classe talvez seja o de sobrevivência mais longeva. Enfrentá-lo é tão vital para o jornalismo quanto o voto para a democracia. É a única maneira de se levar ao leitor as motivações de eleitores que vivem e pensam de modo diferente do seu.

A CORRUPÇÃO MORA AO LADO

As mudanças por que passa o mercado de comunicação afetam diretamente sua participação na esfera pública, mas ainda não têm sido capazes de alterar a difusa noção de cidadania na sociedade. Há um descompasso entre o mercado da informação que acompanha a nova estratificação social e a pauta enviesada por uma cultura jornalística herdada da redemocratização.

Frações dessa percepção estão em pesquisa encomendada ao Vox Populi pelo Centro de Referência do Interesse Público,[11] cujos dados corroboram a percepção de que a legítima indignação nacional com os casos de corrupção que envolvem a elite política não tem levado à compreensão sobre suas origens e seus efeitos.

A corrupção não sai da boca do povo, que nunca a achou tão grave, mas seus danos são considerados piores ao interesse público se originária do governo ou dos empresários. E tanto menores se tem como origem os atos do cotidiano dos brasileiros, vítimas que se consideram do Estado e do capital. O policial que achaca um cidadão é um corrupto execrável. O contribuinte que suborna funcionário público, nem tanto. O empresário que financia campanha com interesse em receber privilégios do eleito comete ato abominável. Parar em fila dupla não é motivo para tanta indignação.

Na pesquisa, mais de 70% dos entrevistados dizem considerar a corrupção no Brasil muito grave.[12] Essa percepção é tanto maior se o entrevistado for homem, branco, tiver de 40 a 49 anos, for morador de áreas urbanas do Sudeste, possuir diploma universitário e tiver renda acima de cinco salários mínimos (Tabela 1).

Depois de terem assegurado, majoritariamente, que o problema é grave e cresceu nos últimos anos, os entrevistados concordam que o aumento não foi na corrupção, mas na apuração de casos submersos (Gráfico 1).

A diversidade regional dessa percepção não encontra exata correspondência na popularidade do presidente Luiz Inácio Lula da Silva ou no desempenho de Dilma Rousseff, mas a região Sul, em que o PT colheu sua pior votação (44%), também foi aquela que, na pesquisa, mais associou casos de corrupção ao governo Lula (Gráfico 3).

Tabela 1. Gravidade da corrupção no Brasil e variáveis sociodemográficas/2009

	Muito grave	Grave	Pouco grave	Nada grave	NS/NR	BASE
BRASIL	73	24	2	0	1	2.400
Urbana	76	22	2	0	1	2.030
Rural	60	35	2	0	3	370
Masculino	74	23	2	0	1	1.145
Feminino	72	25	2	0	1	1.255
16 a 24 anos	71	27	2	0		552
25 a 29 anos	72	26	1	1	0	301
30 a 39 anos	74	22	3	0	1	480
40 a 49 anos	77	21	1	0	1	422
50 anos ou mais	72	23	2	1	2	645
Branca	76	21	2	0	1	1.081

	Muito grave	Grave	Pouco grave	Nada grave	NS/NR	BASE
Negra	68	31	1	0	1	316
Parda	72	24	2	0	1	955
Outras/NS/NR	62	30	2	1	5	48
Até 4ª série	66	29	3	1	2	803
De 5ª à 8ª série	72	25	2	0	1	580
Ensino Médio	78	21	1	0	0	732
Superior	84	15	0	1		286
Até 1 SM*	64	31	2	1	2	508
De 1 a 3 SM*	73	24	2	0	1	918
De 3 a 5 SM*	71	27	2	0	1	423
De 5 a 10 SM*	85	14	1			349
Mais de 10 SM*	84	15		1	203	
PEA	75	22	2	0	1	1.648
Não PEA	68	27	2	1	2	752

* SM = Salário(s) mínimo(s).

Gráfico 1. Evolução do problema da corrupção no governo Lula Região/2009

- ■ Durante o governo Lula houve um grande aumento da corrupção no país
- ▨ Durante o governo Lula, o que aumentou não foi a corrupção, mas a apuração dos casos que antes ficavam escondidos
- ▦ Não concordo com nenhuma das duas afirmações
- ▫ NS/NR

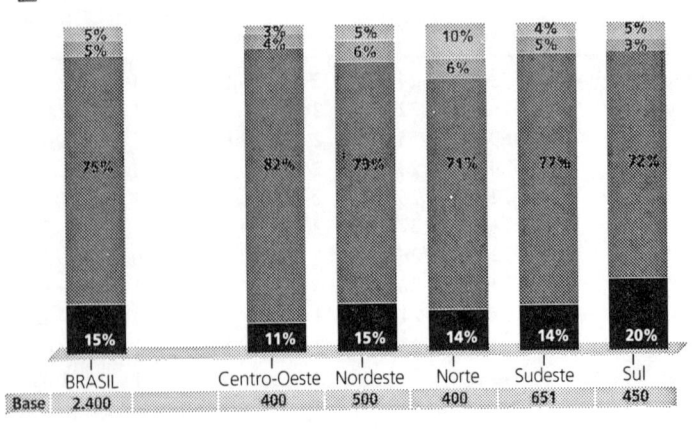

	BRASIL	Centro-Oeste	Nordeste	Norte	Sudeste	Sul
	5% / 5%	3% / 4%	5% / 6%	10% / 6%	4% / 5%	5% / 3%
	75%	82%	79%	71%	77%	72%
	15%	11%	15%	14%	14%	20%
Base	2.400	400	500	400	651	450

Sul e Nordeste se polarizam em relação ao combate institucional à corrupção. Face à afirmação "Corrupção e honestidade vêm de berço. Ou a pessoa é corrupta ou não é", 44% dos entrevistados no Nordeste concordaram com a afirmação. No Sul, apenas 20% o fizeram (Tabela 2).

Os questionários em que o entrevistado é convidado a escalonar instituições, pessoas e atitudes corruptas, no entanto, explicam, em parte, por que a indignação não tem impactado a cultura política do país. Quanto mais próximos os atos corruptos estiverem do cidadão, mais inversamente proporcional é a lógica. Daí porque pagar propina para obter uma licença é ato mais aceitável que o achaque por parte de um policial ou o abuso do poder econômico de um empresário que financia ilicitamente uma campanha eleitoral.

Entre Polícia Federal, Judiciário e Congresso, os primeiros são instituições mais respeitadas (Tabela 3). A quantidade de escândalos que o Congresso já protagonizou explica a percepção, mas dificilmente essa imagem teria se cristalizado se a Casa não fosse mais aberta ao escrutínio da sociedade que as demais. Suas votações, as sessões de suas comissões e as emendas ao Orçamento são muito mais fiscalizadas pela imprensa que a aplicação das verbas do Judiciário. Enquanto as sessões das CPIs são transmitidas ao vivo, as brigas internas da Polícia Federal têm seu conteúdo divulgado de acordo com os interesses dos chefes de turno.

A preservação da imagem da Polícia Federal e do Judiciário ajuda a explicar a ideia, que está entre as que agregam maior concordância dos entrevistados, de que faltam no Brasil leis mais duras e força no seu cumprimento. A visão da política como reino do direito penal abre espaço para uma cultura permeável ao autoritarismo: é o que aparece no questionário sobre o enquadramento legal dessas instituições no combate à corrupção. A Polícia Federal tem o apoio majoritário da população, apesar de 48% dos entrevistados acreditarem que, às vezes, os policiais agem ao arrepio da lei.

Exorciza-se, assim, por meio de instituições que, com a consonância geral, margeiam a lei, a revolta contra a corrupção cotidiana do cidadão que estaciona em fila dupla, da empresa telefônica que desrespeita os direitos do assinante e da escola que mantém crianças de 10 anos analfabetas.

Gráfico 2. Corrupção em altos cargos do governo x Região/2009

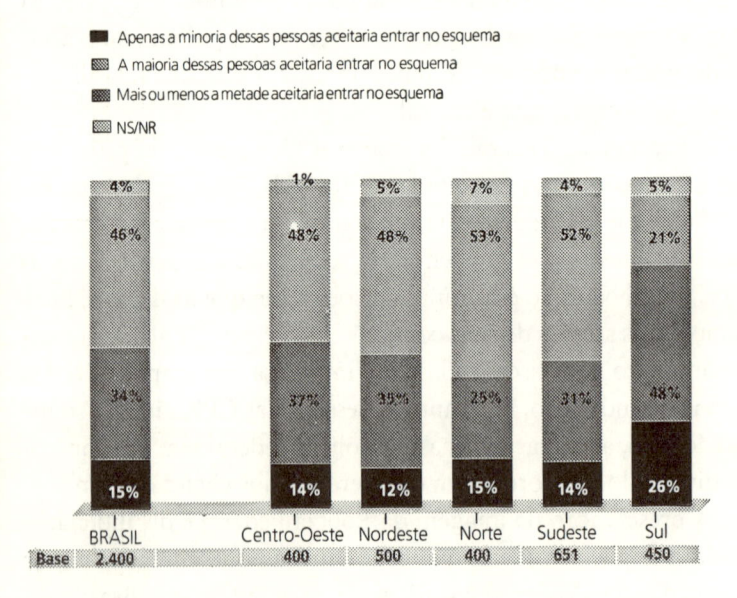

O aplauso ao espetáculo do Estado policial, em contraposição à leniência com que se aceitam as trapaças do cotidiano, fomenta a desconfiança nas relações interpessoais e, com ela, a desmobilização e a apatia política.[13]

Tabela 2. Concordância com algumas ideias sobre corrupção x Região/2009

% de concorda totalmente	BRASIL	Centro Oeste	Nordeste	Norte	Sudeste	Sul
Para diminuir a corrupção, estão faltando novas leis, com penas maiores e mais duras	66	75	67	69	69	49
Se as leis que existem fossem cumpridas e não existisse tanta impunidade, a corrupção diminuiria	65	72	66	66	71	43
Em qualquer situação, não interessa qual, existe sempre chance de a pessoa ser honesta	58	62	61	55	62	40
Se você ficar sabendo de algum esquema de corrupção, deve sempre denunciar às autoridades	46	55	44	55	50	27
Corrupção e honestidade vêm de berço: ou a pessoa é corrupta ou não é	33	20	44	26	34	20
Não tem jeito de fazer política sem um pouco de corrupção	16	22	21	17	14	12
Qualquer um pode ser corrompido, dependendo do preço que for pago ou da pressão que for feita	16	16	18	13	15	16
O conceito de honestidade é relativo, depende da situação	15	21	18	13	13	14
Em algumas situações, é bobagem a pessoa não entrar em um esquema de corrupção, pois se ela não entrar, outro entra	15	17	19	13	12	13
Algumas coisas podem ser um pouco erradas mas não corruptas, como por exemplo sonegar algum imposto, quando ele é caro demais	13	15	17	9	12	10
Se estiver necessitada e um político oferecer benefícios em troca do voto, não está errado a pessoa aceitar	11	14	13	6	12	9

% de concorda totalmente	BRASIL	Centro Oeste	Nordeste	Norte	Sudeste	Sul
Dar um dinheiro para um guarda para escapar de uma multa não chega a ser um ato corrupto	11	14	15	9	8	10
Se for para ajudar alguém muito pobre, muito necessitado, não faz mal um pouco de corrupção	10	11	12	6	10	8
Se for para proteger alguém de sua família, está certo fazer alguma coisa um pouco corrupta	9	15	10	4	8	9
BASE	2400	400	500	400	65	450

Gráfico 3. Associação de casos de corrupção ao governo Lula/2009[14]

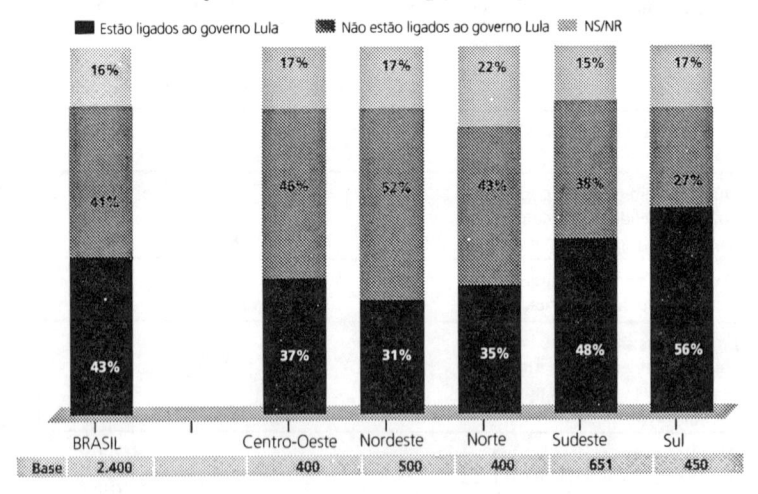

A desconfiança nacional despenca diante de pobres, velhos e mulheres. Na pesquisa Vox Populi, as pessoas mais pobres estão no panteão da honestidade. As mais velhas vêm em seguida e, logo depois, as mulheres. Estas chegam a ser consideradas mais honestas pelos homens que por elas mesmas, e quanto mais velhas e pobres, mais impoluta é a imagem feminina (Tabela 3).

Tabela 3. Presença de corrupção em alguns ambientes/2008-2009

%	Mai/2008 (Base: 2.421)	Jul/2009 (Base: 2.400)
Câmara dos Deputados	8,34	8,54
Senado Federal	8,02	8,43
Câmara dos Vereadores	8,36	8,34
Prefeitura	8,07	8,14
As pessoas mais ricas	8,02	7,88
Governo do Estado	7,56	7,72
Polícia Militar	7,42	7,66
Polícia Civil	7,37	7,58
O Poder Judiciário	7,36	7,54
Os empresários	7,53	7,48
Polícia Federal	6,64	6,99
Presidência da República	7,43	6,89
A classe média	6,59	6,57
Clubes de futebol	7,15	6,39
Os homens	6,88	6,32
O povo brasileiro em geral	6,67	6,22
A mídia (jornais, revistas, TVs)	6,33	6,09
Movimentos sociais	6,32	5,73
Igrejas Evangélicas	6,67	5,46
Associação de bairro	5,65	5,34
ONGs	5,84	5,17
As pessoas mais jovens	5,42	4,74
Igreja Católica	5,57	4,60
As mulheres	5,15	4,26
As pessoas mais velhas	4,85	4,06
As pessoas mais pobres	4,80	3,74
Média das médias	6,80	6,47

É verdade que há registros esparsos de mulheres no banco de réus de uma CPI, algemadas pela Polícia Federal ou na fila dos *habeas corpus*, mas em parte alguma do mundo o gênero é filtro de corrupção,[15] e o que pode levar as mulheres a frequentar menos escândalos é o fato de que são mais raramente expostas a eles. No Brasil, por exemplo, a Comissão de Seguridade Social e Família da Câmara dos Deputados é um tradicional *locus* de presença feminina.[16] Na legislatura 2006-2010, havia, entre 32 integrantes da Comissão, cinco deputadas. Já na Comissão Mista de Orçamento, entre seus 47 parlamentares, não há uma única mulher.

À época em que a pesquisa foi realizada, a governadora do Rio Grande do Sul, Yeda Crusius (PSDB), foi alvo de uma CPI pela Assembleia Legislativa, e a do Rio Grande do Norte, Vilma de Faria (PSB), teve seu filho preso em operação da Polícia Federal. A principal denúncia da campanha eleitoral de 2010, envolvendo a titular da Casa Civil, também jogaria por terra o marketing da superioridade moral feminina.

A percepção nacional de que as últimas pessoas de quem se desconfia numa trapaça são as pobres velhinhas diz mais sobre a cultura política brasileira que sobre as razões do voto. Elas produzem um raro consenso entre família e Estado, pois é delas que ambos menos se ocupam. E é sobre essas campeãs do imaginário da honestidade tupiniquim que se expia a culpa coletiva pela ausência da responsabilidade no cultivo do interesse público.

A pesquisa corrobora a tese de que a mídia nem sempre trafega com independência pelos interesses em conflito, mas também questiona a visão de que os meios de comunicação exercem um poder ilimitado sobre os cidadãos.

Mais da metade dos entrevistados acredita que a mídia favorece alguém ou algum grupo na divulgação dos escândalos. E essa percepção cresce na medida em que os níveis de renda e escolaridade se elevam. No Sudeste, onde se concentra a sede dos maiores jornais e emissoras de rádio e TV, é maior a crença de que mídia é injusta e parcial ao cobrir escândalos de corrupção (Gráfico 4).

Gráfico 4. Favorecimento da mídia na apuração de escândalos/2009

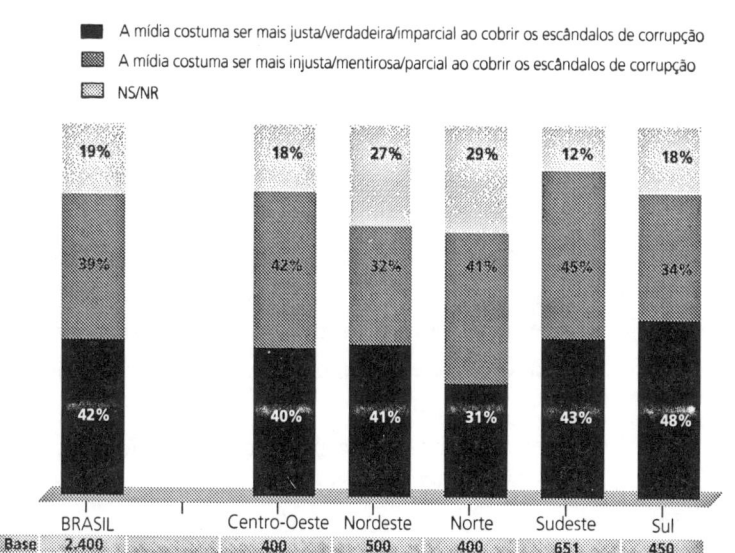

■ A mídia costuma ser mais justa/verdadeira/imparcial ao cobrir os escândalos de corrupção
▨ A mídia costuma ser mais injusta/mentirosa/parcial ao cobrir os escândalos de corrupção
☐ NS/NR

A CAMPANHA ELEITORAL DE 2010

A faixa estendida no comício de vitória da reeleição de Luiz Inácio Lula da Silva, em 2006, "O povo venceu a mídia", ficou no baú na noite em que a candidata do PT, Dilma Rousseff, foi reconhecida como presidente eleita. Em lugar de comício, a sucessora de Lula preferiu um discurso com as diretrizes de seu governo no auditório de um hotel em Brasília. Durante 14 minutos, citou a imprensa quatro vezes, uma das quais nos primeiros dois minutos de uma fala em que fome e emprego apareceram uma única vez.

Depois de uma campanha de muitos embates, Dilma fazia o primeiro aceno:

Agradeço a imprensa brasileira e estrangeira que aqui atua e cada um de seus profissionais pela cobertura do processo eleitoral. Não nego a vocês que, por vezes, algumas das coisas difundidas me deixaram triste. Mas quem, como eu, lutou pela democracia e pelo direito de livre opinião arriscando a vida; quem, como eu e tantos outros que não estão mais entre nós, dedicou toda a juventude ao direito de expressão, é naturalmente amante da liberdade. Por isso, não carregarei nenhum ressentimento. Disse e repito que prefiro o barulho da imprensa livre ao silêncio das ditaduras. As críticas do jornalismo livre ajudam ao país e são essenciais aos governos democráticos, apontando erros e trazendo o necessário contraditório.

O desfecho retrata uma campanha que, após esticar a corda na relação com a imprensa, buscava ali o início de uma repactuação. Quarenta dias antes, num comício em Campinas, o presidente Luiz Inácio Lula da Silva havia dito, em palanque, que os donos de jornais e revistas não deviam ler suas publicações senão se envergonhariam do produto que entregavam a seus leitores.

O argumento podia até não estar completamente desprovido de razão, mas a voz rouca dos comícios parecia estar ensurdecendo o presidente. Abalado pelas denúncias da reta final de campanha, Lula resolveu radicalizar em seus discursos contra a imprensa e chegou a dizer que a campanha derrotaria as publicações que destilam "ódio e mentira" e, em Santa Catarina, reduto em que o DEM demonstraria sobrevida eleitoral, bradou que aquela eleição "extirparia" o partido da vida política do país.

Depois de um histórico de batalhas de fatos e de versões de cinco eleições presidenciais, o PT parecia desconhecer que o eleitor associa o destempero a uma situação de desvantagem. Ao se colocar na sintonia do descontrole, parecia que era a campanha petista, e não da oposição, que estava desesperada. A campanha de 2006 havia sido pródiga em indícios de que foi a reação às denúncias, e não o seu conteúdo, que levou a disputa ao segundo turno. A 15 dias daquele primeiro turno, a Polícia Federal prendeu duas pessoas e apreendeu R$ 1,7 milhão em espécie em um hotel em São Paulo, e estava em negociação um dossiê contra José Serra, à época candidato ao governo paulista pelo PSDB. Um dos presos declarou à PF que havia recebido do PT a missão de comprá-lo.

A imagem das montanhas de dinheiro logo inundou os principais telejornais. Lula tascou nos correligionários envolvidos a alcunha de "aloprados", recusou-se a ir ao último debate do primeiro turno e mais não fez. Viu esvaírem-se em duas semanas um milhão e meio de votos. Na antevéspera da eleição, o comando da campanha já sabia que, mais que a exploração do flagrante das montanhas de dinheiro com petistas, a resistência do presidente a oferecer uma explicação sobre os fatos, protagonizada por sua decisão de não participar do último debate do primeiro turno, que seria assistido por 40% do eleitorado, foi considerada arrogante.

Em 2010, o enredo se repetiria com duas acusações em sequência: a de que teria partido do PT a encomenda da quebra do sigilo fiscal da filha do candidato do PSDB e o esquema de tráfico de influência que teria sido montado pela sucessora de Dilma na Casa Civil, Erenice Guerra. A campanha terminou sem que a primeira acusação tivesse seu inquérito concluído pela Polícia Federal, mas a segunda levou à queda da ministra ainda no primeiro turno da disputa.

Era o PSDB que se movia pela falta de votos, mas o tom com que o PT se conduziu na reta final não parecia suficiente para convencer o eleitor de que, face ao bombardeio, buscava preservar seu voto de um debate manipulado. O PT já tinha estrada suficiente na relação com a imprensa para saber que videotape de campanha rende tese de doutorado sobre o poder da mídia, mas é nos noventa minutos que se decide o jogo. Aquele destempero, como se provaria, não ajudou o partido a liquidar a fatura no primeiro turno.

O episódio da quebra do sigilo parecia mais concentrado na classe média escolarizada — foi com a denúncia contra Erenice Guerra, com um enredo que mais facilmente sensibilizava o eleitor — uma família que se locupletava no poder —, que o impacto do noticiário negativo atingiu a base da pirâmide e conteve a marcha de Dilma para vencer no primeiro turno.

Às vésperas de deixar o governo no panteão dos presidentes mais bem avaliados da história, Lula parecia consternado com a valoração de teses que punham em dúvida o estado de direito, e de analogias de seu mando com Hitler e Mussolini. Sua liderança nasceu com a redemocratização e cresceu com a liberdade de imprensa. Como presidente, resistiu a conquistar mais um mandato e, com isso, deu uma demonstração mais radical de respeito pelas instituições que o governo que o precedera. O decorrer da campanha mostraria que se Lula avaliava que o governo e a campanha de sua candidata estavam sendo injustiçados pela imprensa, sua atitude de comprar briga em palanque foi posta em xeque pelo eleitor.

A reação descalibrada do PT parecia filha do mesmo emocionalismo despolitizante com que a inaugurara. No programa que estreou o horário eleitoral gratuito, o presidente andava sozinho no Alvorada revelando, com a voz em *off*, o pensamento que lhe assomara na primeira noite como presidente:

"Pedi a Deus para começar e terminar bem meu governo." A analogia com Getúlio Vargas era patente, mas o presidente não pretendia entregar uma carta-testamento, mas o povo nas mãos de Dilma. Getúlio optou pela segunda pessoa do plural. "Eu vos dei a minha vida." Lula, pelo singular. "Deixo em tuas mãos o meu povo."

Inconformados com a estabilidade das pesquisas e movidos por paixão parelha, editoriais chegaram a questionar se o povo de Lula era feito de consumidores ou de cidadãos. O público leitor de jornal equivale a pouco mais de 1% do colégio eleitoral e seria preferível que a indignação se explicasse por esse descompasso que pelo preconceito contra convicções democráticas de quem acabara de entrar no mercado de consumo.

O voto sela o contrato entre eleitor e eleito. É tão mais importante à cidadania quanto melhor se conhecerem as propostas de governo que, a dez dias da eleição, continuavam recônditas por desinteresse dos candidatos e por obra e graça do denuncismo. A ausência de discussão substantiva sobre os rumos da política econômica ajuda a entender por que a campanha produziu escândalos em abundância que, proclamado o resultado, caíram no esquecimento. Um eleitor privado do debate sobre reajustes do salário mínimo, das aposentadorias e pensões e das medidas para conter a farra cambial externa também é tentado à radicalização de ânimos, como se viu na reta final de 2010.

A imprensa cumpriu seu papel ao revelar o esquema de tráfico de influência da Casa Civil, mas a cobertura do escândalo seguiu a matriz entronizada de demonizar o Estado, politiqueiro e corrupto, face a um mercado virtuoso. A corrupção estatal, aqui e alhures, tem como base interesses privados em que o noticiário da "escandalogia" sempre esbarra: o nome da ex-ministra caiu na boca do povo, mas o nome das empresas supostamente beneficiadas pelo esquema ficou relegado ao pé de página dos jornais.

A imprensa também custou a se mostrar equidistante no tratamento das denúncias de corrupção que pavimentaram a campanha. A história do tucano que fizera carreira trafegando entre as grandes empreiteiras paulistas e da arrecadação de fundos do PSDB foi publicada por uma revista de circulação nacional no início da campanha e ignorada pelo restante da imprensa, de maneira que denúncias que o envolviam somente vieram a lume no segundo turno porque a candidata petista as citou num debate.[17]

Ao final do segundo turno, o marqueteiro petista disse que a denúncia que derrubara Erenice Guerra foi muito mais decisiva para o segundo turno que a exploração da pauta aborto.[18] Por iniciativa da candidata do Partido Verde, Marina Silva, e do candidato do PSDB, José Serra, em desvantagem nas pesquisas, a campanha foi efetivamente invadida por um tema que não estava em pauta, mas, da mesma maneira que a popularidade do governo Luiz Inácio Lula da Silva não se explica pela aliança entre Febraban e Bolsa Família, a explicação de que o segundo turno derivou das trevas da religião padece de reducionismo.

Seria preciso aceitar que a adesão religiosa flutua ao sabor do vento. O eleitor teria sido fundamentalista em 1989 quando Lula foi acusado de sugerir o aborto de sua filha, recuado em 2002 e em 2006, e retomado com fervor sua fé religiosa atualmente. O avanço do pentecostalismo e dos carismáticos nas duas últimas décadas não impediu que oito anos tucanos fossem sucedidos por outro tanto de petistas. As marchas pentecostais e carismáticas superam em milhares de vezes quaisquer comícios de Lula, e talvez só encontrem competidores nas marchas gay, mas esse avanço não autoriza a crença de que o Brasil de hoje seja mais fundamentalista que aquele de 2002. É uma fé que cresce com o individualismo. E nisso não diverge da política.

O segundo turno não foi uma decorrência do predomínio da religião sobre a política, mas do amálgama de difusas insatisfações canalizadas para Marina Silva, que teve a surpreendente marca dos 19,6 milhões de votos. Tome-se, por exemplo, o Distrito Federal, onde os recordistas de voto foram Marina Silva e um deputado federal que é a síntese de sentimentos desencontrados que a política partidária tem tido dificuldade de captar. Recordista proporcional de votos (18%) no país, José Antônio Reguffe (PDT) não faz pregações religiosas ou corporativas e angariou fama com propostas moralistas, como o corte de verbas de gabinete.

No Nordeste também havia brechas na porteira que se acreditava fechada para Marina Silva, que foram ignoradas. Inaugurada uma semana antes do primeiro turno, a 29ª Bienal de Arte de São Paulo teve como obra mais polêmica o conjunto de painéis "Inimigos", do artista pernambucano Gil Vicente. Neles, Lula, FHC, Bento XVI, Bush e Ariel Sharon eram executados pelo artista. No entanto, os 36,7% dos votos de Marina no Recife mostram que o artista captou algo que o PT não farejara.

No início da campanha, o PT temia que a exploração do passado de guerrilheira fosse o maior nó a ser desatado na imagem de Dilma. O ataque acabou vindo pela cruz, mas a reação amadora dos petistas indica que a abordagem messiânica da relação do presidente com o eleitor desarmou a campanha para enfrentar a parada através da política.

O segundo turno levou a retrocessos como a carta compromisso assinada por Dilma com a Assembleia de Deus. Depois da Carta ao Povo Brasileiro de 2002, veio a ode ao obscurantismo. À carta soma-se a indecifrável declaração de Serra: "Nunca disse que sou contra o aborto porque sou a favor, ou melhor, nunca disse que sou a favor, porque sou contra."

Sempre tratados como peça de ficção, programas de governo teriam sido a melhor vacina contra a mistificação. Se o governo não produziu consenso à descriminalização do aborto, o rol de alianças de Dilma também não o permitiria. Tivessem programas claros sobre o assunto, os candidatos não teriam ficado reféns da marquetagem emergencial que recomendava entrevistas dentro de capelas.

Até a eclosão da denúncia contra Erenice Guerra, Dilma vencia em todas as classes sociais e regiões do país,[19] mas a partir daí, sua candidatura se desidratou entre os eleitores mais ricos e escolarizados do Sul e Centro-Oeste,[20] de maneira que Dilma teve votações tão expressivas nos estados menos desenvolvidos e entre eleitores mais pobres e de baixa escolaridade quanto todos os presidentes eleitos que a antecederam. Porém, assim como Lula em 2002 e 2006, foi acusada de dividir o país com sua expressiva votação no Nordeste, o que deu margem a uma intensa movimentação de mensagens na internet "culpando" esta região pela eleição de Dilma.[21]

Foi há apenas 22 anos que o Brasil universalizou o voto, com a inclusão dos analfabetos pela Constituição da Nova República. Até 2010, realizou 12 eleições. A cada dois anos, teve a oportunidade de se reencontrar com suas diferenças e de constatar que se os mais pobres ainda definem a eleição é porque ainda são maioria, e somente deixarão de fazê-lo quando não forem mais pobres.

Duas décadas talvez seja tempo de menos para que a igualdade de direitos seja absorvida. Particularmente num país em que apenas agora as filas de *check-in* no aeroporto começam a ficar mais parecidas com aquelas das seções eleitorais. Daí a estranheza renitente que o voto no Morumbi valha tanto quanto aquele de Canindé. Em 2010, essa estranheza, turbinada pela agressividade, partiu precisamente de eleitores mais jovens, que não conhecem outra democracia senão o voto universal.

Foi pela internet que se destampou a intolerância mais renhida da campanha, mas assim como a questão do aborto ganhou uma difusão na rede que não guarda relação com seu impacto eleitoral, não havia motivos para se acreditar que sentimentos regressivos fossem predominantes no eleitorado. Se a arma mais eficiente contra o preconceito é a informação, os fatos que se contrapunham eram cristalinos. Dilma Rousseff teria levado mesmo sem o Nordeste. Ninguém ganha eleição sem pintar com suas cores o Sudeste, onde vivem 43% dos eleitores brasileiros, entre os quais muitos dos pobres pouco escolarizados.

Sim, José Serra ganhou em São Paulo, mas não foi por lavada. Teve uma votação 17% superior à de Dilma, no estado que o PSDB governa há 16 anos. O tucano impôs à petista em São Paulo uma vantagem inferior à de sua derrota nacional. Nenhuma delas foi acachapante. Quando mal interpretados, os mapas tingidos de azul e de vermelho mostram blocos monolíticos que não existem. O Brasil que a militância cibernética do preconceito desconhece e, por consequência, discrimina está logo ali na sua esquina. Se a campanha foi obscurantista, a geografia do voto é transparente.

Dela se depreende, por exemplo, que é o impacto de políticas de governo o que move o eleitor de maneira mais definitiva. Considere-se, por exemplo, Marcelândia, cidade de 10,2 mil eleitores no norte do Mato Grosso. Em 2007, o município ocupava o primeiro lugar na lista daqueles que mais desmatavam. Foco de operações federais, Marcelândia zerou o desmatamento em dois anos. Em outubro de 2010, se transformaria no município mais serrista do país (75,5%). É também a atuação do Ibama que parece explicar a extraordinária votação de Serra no Acre (69,6%). E dificilmente a demarcação da reserva Raposa do Sol pode estar dissociada da expressiva votação do candidato tucano em Roraima (66,5%).

Some-se aí o cinturão agrícola do Sul e Centro-Oeste, que também fechou com o PSDB, e é possível aquilatar as três principais insatisfações que guiaram o voto do Brasil mais serrista: atuação do governo federal na defesa do meio ambiente, a política pela preservação de povos indígenas e o nó cambial que prejudica as exportações agrícolas.

Ao absorver os embates entre as políticas monetária e industrial ou entre as diretrizes agrícola e agrária, Lula deixou a oposição desnorteada em relação aos interesses de que poderia ser porta-voz, submetendo a oposição a uma derrota eleitoral e política. Com uma campanha errática, destampou as convicções mais retrógradas do mercado eleitoral.

O Brasil havia atravessado sua sexta eleição presidencial consecutiva e a primeira na história do país em que um presidente eleito fez o seu sucessor. Oito em cada dez eleitores que foram às urnas nunca haviam sido privados de seu direito de escolher, pelo voto, todos os dirigentes do país. E já votaram para presidente da República mais vezes que os brasileiros de qualquer outra época da história. De cada dez brasileiros, sete votam — é a maior proporção de eleitores de uma história que, há apenas uma geração, excluía a leva de analfabetos.

A maioria desse colégio eleitoral expandiu seus ganhos em ritmo chinês nos últimos anos, mas teve um salto de escolaridade superior ao de renda, e quatro, em cada dez eleitores que foram às urnas em 2010, têm mais de oito anos de bancos escolares. É um eleitor que consome mais informação e, potencialmente, demanda mais do poder público. É nessa rota, em busca de cidadania, que está o leitor.

CONCLUSÕES

A relação entre imprensa, corrupção e política no Brasil é marcada por mal-entendidos sobrepostos. Enquanto a cultura jornalística resiste a acompanhar o movimento do mercado, a cobertura da corrupção é marcada por uma defesa difusa da cidadania e por uma relação simbiótica com as fontes. Nesse sentido, este artigo se dispôs apenas a apontar essa sequência de mal-entendidos advindos de um desconhecimento mútuo entre imprensa e política institucional.

A história recente do Brasil é pródiga em crises políticas potencializadas pela imprensa, que tanto precipitaram o golpe militar de 1964 quanto sua falência duas décadas depois. A geração de jornalistas que se formou com a redemocratização foi cultivada no ideário romântico de que a imprensa existe para denunciar, quando, na verdade, a função primeira do jornalista é informar.

Quem acusa são os fatos, quando bem noticiados, o que passa, necessariamente, por ouvir o outro lado. É assim que os interesses em conflito ficam explicitados. Como o jornal não é um tribunal, ainda que muitas vezes pretenda sê-lo, nem sempre a explicitação dos interesses em conflito é satisfeita. Além de identificá-los, a missão exige que por eles se trafegue com independência. Passa por essa rota a tortuosa relação da imprensa com os escândalos de corrupção. Os meios de comunicação tradicionais se movem por consensos aglutinadores, e a eficiência do Estado talvez seja o principal deles. A imprensa tem sido mais bem-sucedida na vigilância a esse princípio que no renitente alheamento da sociedade na disputa pelo Estado. A opinião pública de que a imprensa se diz expressão já questiona a independência com que os meios de comunicação trafegam pelas denúncias de corrupção.

Esse quadro não se tem mantido alheio às mudanças no mercado de comunicação. Tanto os jornais do eixo Rio-São Paulo-Brasília têm reduzido sua fatia no cômputo geral da circulação paga do país quanto as emissoras de televisão passam por um paulatino processo de desconcentração de audiência. A mais importante mudança, no entanto, se dá pela internet. A militância virtual, a mais ativa das eleições gerais de 2010, não curou os males do denuncismo, mas espalhou-o mais equitativamente. Erenice Guerra, de um lado, e Paulo Preto, de outro, dominaram a radicalização da campanha na reta final.

A batalha que nem com a ajuda da internet os meios de comunicação foram capazes de vencer é a da informação. Governo após governo personagens do submundo da política são alçados à condição de celebridade. Quem, onde, quando, como e por que os interesses em conflito, e ainda submersos, o fazem, é um furo que ainda resta a ser dado.

Referências bibliográficas

AVRITZER, Leonardo *et alii*. *Corrupção: ensaios e críticas*. Belo Horizonte: UFMG, 2008.

BORDIEU, Pierre. *O poder simbólico*. São Paulo: Difel/Bertrand Brasil, 1989.

LIMA, Venício *et alii*. *A mídia nas eleições de 2006*. São Paulo: Perseu Abramo, 2007.

Notas

1. As redações americanas perderam 15 mil postos de trabalho desde 2000, segundo a *Columbia Journalism Review*, set./out. de 2010.
2. Dados da Associação Mundial de Jornais, de 2006, indicam que a circulação média de jornais/população adulta/cópias por mil habitantes no Brasil era de 53,4, enquanto na Argentina era de 94,2 e na Colômbia chegava a 587,8.
3. A circulação de jornais em outras capitais, segundo o Instituto Verificador de Circulação (IVC), cresceu 41% entre 2006 e 2009, e, no interior, 61%. Os jornais que custam mais do que R$ 1,15 tiveram, segundo o IVC, um crescimento de apenas 1% no período. Já a chamada imprensa popular, cujos exemplares são vendidos por menos de R$ 1, cresceu 32%. O jornal de maior circulação no país no primeiro semestre de 2010 era o *Super Notícia*. Com fotos apelativas na primeira página e forte peso do noticiário policial, o jornal de Belo Horizonte,

vendido a R$ 0,15, atingiu 290 mil exemplares. Para mais informações ver "Extra, extra! A indústria do jornal prospera no Brasil" publicado em 3/11/2010. Disponível em: www.wharton.universia.net/index.cfm?fa=viewCat&CID=7&language=portuguese

4. Em 2003, as verbas publicitárias do governo federal eram aplicadas em 499 veículos de 182 municípios. Em 2009, a regionalização tinha expandido essa aplicação a 7.047 veículos de 2.184 municípios. Para mais, ver Venício de A. Lima, "Onde o calo dói", *Observatório da Imprensa*, 23/11/2010. Disponível em: www.observatoriodaimprensa.org.br

5. Em 2005, o Ibope registrou como participação das emissoras na audiência os seguintes números: 52,8% (Globo), 19,8% (SBT) e 9,4% (Record). Em 2010, os indicadores haviam passado para: 44,4% (Globo), 13,2% (SBT) e 16,9% (Record).

6. Em 2009, as conexões de banda larga apenas estavam disponíveis para 5,8% da população. O Plano Nacional de Banda Larga, promessa de campanha petista, pretende universalizar o acesso. Empresas de telefonia e distribuidoras de energia disputam o mercado.

7. Julian Assange, com uma formação mais sólida de *hacker* que de jornalista, montou um site, o Wikileaks, financiado por colaboradores independentes e imbuído da missão de lutar contra a falta de transparência das instituições. O fruto de suas investigações foi publicado por grandes jornais.

8. O Ibope considera quem acessa a internet de casa, do trabalho, das bibliotecas, de lan houses ou de telecentros.

9. César Felício, "Rede potencializa campanha mais negativa desde 1989", *Valor Econômico*, 28/10/2010.

10. Em setembro de 2010, internautas cunharam o termo "Dilmafacts" para parodiar a cobertura do jornal *Folha de S.Paulo*, que avaliavam ser mais marcadamente negativa contra a candidata do governo. O movimento foi mencionado pelo *ombudsman* do jornal (na edição de 12/9/2010), que acatou reclamações de leitores contra a assimetria.

11. O Centro de Referência do Interesse Público da Universidade de Minas Gerais (UFMG) encomendou ao instituto Vox Populi, com o apoio das fundações Konrad-Adenauer e Ford, pesquisa nacional de opinião

pública em maio de 2008 (2.421 entrevistas) e em julho de 2009 (2.400 entrevistas). A margem de erro da pesquisa foi de dois pontos percentuais. Uma parte das conclusões da pesquisa foi publicada nas edições do *Valor Econômico* de 1/8/2008 e 11/9/2009.

12. Na rodada de 2008, 77% disseram considerar a corrupção um problema muito grave. Na pesquisa de 2009, a fatia caiu para 73%.

13. Em pesquisa resgatada por Fábio Wanderley Reis, in: Leonardo Avritzer *et alii, Corrupção: ensaios e críticas,* o Brasil aparece como o país campeão dos desconfiados. Não mais que 3% dos brasileiros respondem positivamente à pergunta sobre se é possível, em geral, confiar nas pessoas. Nos países escandinavos, a proporção é de 65%.

14. A pesquisa cita como casos de corrupção os escândalos das passagens aéreas, da Petrobras e do Tribunal de Contas de Minas Gerais e a operação Satiagraha.

15. Marlise Matos, "Gênero e corrupção", in: Leonardo Avritzer *et alli, Corrupção: ensaios e crítica.*

16. A ex-deputada Raquel Cândido foi cassada em 1994, depois de ter sido incriminada no escândalo dos Anões do Orçamento.

17. Em 13/8/2010 a revista *IstoÉ* publicou a denúncia de que o engenheiro Paulo Vieira de Souza, ex-diretor da Dersa (Empresa de Desenvolvimento Rodoviário) e alvo de investigações do Ministério Público por superfaturamento no pagamento de indenizações de obras do governo de São Paulo, não havia repassado ao PSDB recursos recolhidos em nome da campanha presidencial do partido.

18. Entrevista de João Santana à *Folha de S.Paulo* em 7/11/2010.

19. Os relatórios da pesquisa Datafolha de 26/8/2010 (antes do escândalo Erenice Guerra) e de 30/10/2010 (véspera do segundo turno) estão disponíveis em: http: //datafolha.folha.uol.com.br/eleicoes/2010/2010_index.php

20. Encerrado o segundo turno, Dilma recebeu 55,7 milhões de votos, vencendo por 56% dos votos válidos. Sua votação foi assim distribuída: Centro-Oeste, 56%; Nordeste, 66%; Norte, 55%; Sudeste, 48%; e Sul, 44%.

21. O mal-estar foi "viralizado" ainda na noite do segundo turno pela internet. A estudante de Direito paulistana Mayara Petruso teve direito a seus momentos de fama ao tornar sua frase "Nordestisto (*sic*) não é

gente. Faça um favor a São Paulo: mate um nordestino afogado!",
uma das mais citadas no Twitter em todo o mundo. O escritório de
advocacia que a tinha por estagiária rompeu o contrato e a OAB de
Pernambuco pediu ao Ministério Público de São Paulo a abertura de
uma ação penal por preconceito e incitação à violência na rede.

Controle da corrupção na Alemanha*

Deputado Tankred Schipanski

É com grande satisfação que me dirijo aos senhores em seu seminário e agradeço cordialmente o convite externado pela Fundação Konrad Adenauer, representada pelo Dr. Fischer-Bollin. Sou membro do Parlamento alemão e jurista. No entanto, minha atividade como parlamentar concentra-se na área da política de educação e pesquisa. Por outro lado, gostaria hoje de aproveitar a oportunidade para transmitir-lhes, nos próximos trinta minutos, um panorama da ocorrência de corrupção e do sistema de controle dessa na Alemanha.

Minha palestra estrutura-se da seguinte forma: inicialmente, gostaria de esclarecer como podemos descrever o objeto da corrupção, ou seja, desenvolver uma definição do conteúdo da corrupção. Em seguida, irei me dedicar com mais precisão ao fenômeno da corrupção na Alemanha. Nesse momento, discorrerei sobre as razões pelas quais ocorre a corrupção, descreverei um conhecido caso de corrupção política e outro de corrupção econômica e, por fim, explicarei as conclusões extraídas desses casos e os mecanismos de combate à corrupção aplicados na Alemanha.

* Palestra proferida no seminário "Corrupção e controles democráticos", patrocinado pela Fundação Konrad Adenauer, realizada no dia 7 de abril de 2010, em Brasília.

DEFINIÇÃO DE CORRUPÇÃO

Como já ficou evidente, o conceito de corrupção está em toda parte: diariamente podemos ler a respeito em jornais e revistas e assistir a análises políticas e entrevistas na TV. Mas o que queremos dizer quando falamos de corrupção? E, aqui, já nos deparamos com o primeiro desafio, pois no direito alemão, não há uma conceituação jurídica para o termo corrupção, tampouco existe no uso corrente da língua uma definição bem precisa, única e universalmente aceita. Tampouco a Organização para Cooperação e Desenvolvimento Econômico (OCDE), o Conselho Europeu e as Nações Unidas definem o termo no direito penal, mas apenas estabelecem modos e procedimentos de comportamento corrupto. Um exemplo clássico é o suborno.

A fim de possibilitar um entendimento empírico do fenômeno da corrupção e poder diferenciá-lo de outras formas de comportamento amoral ou punível, sugiro que nos orientemos pela definição usada pelo cientista político americano Joseph S. Nye, em ensaio publicado em 1978, sob o título "Corruption and Political Development".[1] Nye define o sentido de corrupção como o comportamento de um detentor de cargo público que, movido por interesses particulares ou para ter alguma vantagem pecuniária ou ganho de status, adota uma conduta que constitui um desvio das obrigações do seu cargo ou viola as regras vigentes da sua função para exercer alguma influência como pessoa privada. Resumindo: a corrupção deve ser entendida como "abuso do poder inerente a um cargo (público) que lhe foi confiado, visando a obter benefícios pessoais".

CORRUPÇÃO NA ALEMANHA

Durante muito tempo, a ocorrência de corrupção não era algo levado muito a sério na Alemanha. Achava-se que era algo que só ocorria em outras partes do mundo. E, sobretudo, era algo que se supunha acontecer principalmente em países do Terceiro Mundo. Somente após terem sido desvendados alguns escândalos políticos e econômicos de maior vulto nos anos 1980, o fenômeno da corrupção passou a estar mais evidente para o público. Hoje em dia, podemos descrever a Alemanha como um "sistema que está aprendendo" em termos de corrupção: os casos de corrupção geralmente são descobertos pela imprensa e desvendados em processos demorados, levando a importantes consequências no âmbito legal e político, as quais, por sua vez, inibem a ocorrência de corrupção e levam ao estabelecimento de medidas eficazes para seu combate.

CORRUPÇÃO NA ALEMANHA NO CONTEXTO INTERNACIONAL

Em todo o mundo, distingue-se a corrupção política da econômica. Para avaliar a dimensão da *corrupção econômica* na Alemanha, é útil basear-se no índice de corrupção determinado anualmente pela Transparência Internacional. A estimativa de corrupção existente no mundo dos negócios foi feita em um estudo transnacional utilizando uma escala de um a dez. Sistemas muito corruptos eram classificados com nota zero e os sistemas livres de corrupção recebiam dez. A Alemanha, tal como a Noruega, recebeu nota oito, ocupando a 14ª posição na lista. Outros países escandinavos ficaram mais bem posicionados, por exemplo, a Dinamarca, Suécia e Finlândia, que receberam nove pontos. Também a Suíça, Cingapura, Nova Zelândia e Islândia, e mais alguns outros, foram avaliados como menos corruptos. Portanto, no que concerne à corrupção econômica na Alemanha, pudemos constatar que a média alcançada é boa, mas ainda existe um potencial para melhoria.

É relativamente difícil avaliar a dimensão da *corrupção política* em um país. Na bibliografia das ciências políticas, vemos que se estabeleceu uma categorização em três níveis, considerando as democracias ocidentais.[2] Os países são divididos em relativamente corruptos, países com certo grau de corrupção, e países sem corrupção digna de nota.[3] Situam-se no primeiro grupo países como Espanha, Grécia e Itália — nesse caso, também falamos em corrupção sistemática. A Alemanha, com os Estados Unidos, a França e a Bélgica, encontra-se no segundo grupo. Países considerados como amplamente livres de corrupção são, por exemplo, Suécia, Holanda e Irlanda. Conclui-se que também quanto à prática da corrupção política a Alemanha goza igualmente de boa reputação, mas há espaço para melhorar.

DIMENSÃO E FORMAS DE CORRUPÇÃO NA ALEMANHA

Os casos de corrupção que se tornaram conhecidos na Alemanha referem-se à corrupção política e também à econômica. Curiosamente — e essa é uma característica do país —, na administração pública quase não há casos de corrupção conhecidos,[4] o que se atribui à tradição específica da administração prussiana, caracterizada, de forma geral, por uma elevada integridade moral e por forte vínculo institucional. Ainda assim, existem, também na Alemanha, os casos de corrupção oportunista. E foram também revelados alguns casos de corrupção na administração de algumas cidades maiores governadas pelo mesmo partido por períodos prolongados, sendo um caso bastante conhecido o da cidade de Colônia.

Uma característica dos casos de corrupção política na Alemanha é o fato de geralmente estar envolvido apenas um grupo restrito de atores, ou até mesmo uma pessoa. Houve também considerável frequência de casos de corrupção ligados ao financiamento de partidos políticos. Nesse caso, o beneficiado não foi apenas uma pessoa, mas todo o partido.

A corrupção econômica na Alemanha concentra-se em poucos setores. Por exemplo, a indústria da construção civil foi particularmente suscetível à corrupção nas últimas décadas. Outra área problemática é a da adjudicação de contratos no âmbito das licitações públicas. Nesse setor de obras, o prejuízo anual causado à economia do país é de cerca de 5 bilhões de euros.[5]

RAZÕES QUE LEVAM À OCORRÊNCIA DA CORRUPÇÃO NA ALEMANHA

Há múltiplas razões que levam à ocorrência da corrupção na Alemanha e essas se assemelham ao que existe em outras democracias ocidentais: principalmente, são dignos de nota os custos das campanhas políticas e das campanhas eleitorais, que não param de crescer, obrigando os partidos a buscar sempre novas fontes de financiamento. Além disso, também o sistema alemão de financiamento dos partidos é responsabilizado como gerador de corrupção política. Apesar de os partidos alemães receberem generosos recursos públicos, quando comparados a outros países, a lei dos partidos lhes impõe consideráveis obstáculos para a geração de receitas. Desde a reforma da lei dos partidos, realizada em 1994, os recebimentos dos partidos, verificados pelos resultados obtidos nas eleições do Parlamento Europeu, nacional e estadual, encolheram bastante (a medição é feita em montante por voto recebido). Doações de pessoas jurídicas somente podem ser deduzidas dos impostos até certo limite e doações anônimas somente podem ser aceitas até um determinado valor.

Outra causa é a forte articulação entre as elites econômicas e políticas, sendo crescente a frequência com que os políticos passam de uma vida na esfera política para a econômica, na qual aproveitam seus contatos antigos para gerar benefícios ao novo empregador. E, além disso, os custos de vida aumentando constantemente, de um lado, e, de outro, a estagnação ou queda da renda, notadamente em tempos de crise financeira e econômica, criam uma situação de maior atração pelo exercício da corrupção.

Também a crescente decadência do consenso moral e de valores está entre as causas de maior frequência da corrupção, uma vez que vem aumentando a busca por vantagens pessoais em nossa sociedade. Na opinião do autor dessa visão, vivemos em tempos de forte egocentrismo no pensar e no agir. A mídia e a sociedade propalam a realização de objetivos materiais, por exemplo, o bem-estar, como valores da maior importância.

MEDIDAS DE COMBATE À CORRUPÇÃO

As medidas de combate à corrupção subdividem-se em medidas morais e legais. Na Alemanha, em ambas as esferas, as medidas preventivas sempre prevalecem sobre as repressivas.

COMBATE À CORRUPÇÃO NO SERVIÇO PÚBLICO

Medidas preventivas

As medidas preventivas de combate à corrupção no serviço público da Alemanha estão relacionadas no documento "Conceito de combate e prevenção à corrupção", elaborado pela Conferência de Secretários do Interior, realizada em maio de 1996. Além de treinamento e de uma maior conscientização da corrupção, foram otimizados, principalmente, os fluxos do organograma da administração pública. Os processos são estruturados de forma que, quando há negócios realizados pelo poder público, sobretudo quando há adjudicação de contratos públicos ou alienação de ativos num valor acima de 200 mil euros, um outro órgão ou um colegiado que seja heterogêneo em sua composição partidária deve aprovar o negócio. Em todas as decisões relevantes em termos de patrimônio, aplica-se o Princípio dos Quatro Olhos, a fim de aumentar a transparência. Além disso, o sistema da rotatividade também é inibidor da corrupção: ninguém pode atuar por mais de cinco anos em áreas com risco de corrupção. E no serviço público, existem regras uniformes sobre a aceitação de presentes e outras vantagens.

No mais, o direito alemão determina regras claras sobre as possibilidades de ganhos adicionais no serviço público, de forma que são bastante reduzidas as chances de funcionários públicos exercerem atividades secundárias. É possível, também, eliminar o direito à aposentadoria dos funcionários públicos ou empregados corruptos, embargar promoções ou até mesmo demitir. As repartições entre si são obrigadas a comunicar desvios. Além disso, as autoridades fiscais, os tribunais de contas e outros órgãos têm a obrigação de informar-se reciprocamente sobre casos de corrupção.

As licitações públicas determinam, para todas as adjudicações de contratos, requisitos legais de cumprimento obrigatório. E existe também um cadastro alemão de corrupção, no qual devem ser reunidos todos os casos de corrupção em licitações públicas, o que, no entanto, nem sempre é possível. Além dos recursos repressivos (multas pecuniárias), as empresas corruptas são punidas com um bloqueio de contratações por um período de três a cinco anos. Na contratação de obras com um valor acima de 250 mil euros, o cadastro deve ser forçosamente consultado, para garantir que nenhuma das empresas que nele figurem receba o contrato. É verdade que considerando a facilidade com que se abre uma nova empresa, que não constará do cadastro, esse instrumento não se mostra muito eficaz.

Medidas repressivas

As medidas repressivas apresentadas a seguir aplicam-se não apenas ao serviço público, mas também à iniciativa privada, de forma que a corrupção é combatida pelo direito penal e pelo direito processual penal. A proibição das diversas formas de suborno, por exemplo, é regulamentada nos parágrafos 331 e seguintes do código penal alemão. A pena para a violação dessa proibição é a privação da liberdade (prisão) por até cinco anos. No caso de detentores de cargos, por exemplo, funcionários públicos, a pena pode ser estendida até dez anos. Nos casos de violação da Lei da Concorrência (parágrafo 298 e seguintes do código penal), por exemplo, quando há combinações prévias em licitações públicas, a pena pode chegar a até cinco anos de prisão.

Além disso, na lei alemã existe a possibilidade de confiscar os ganhos obtidos através da corrupção. Outro instrumento de combate à corrupção é a possibilidade de reclamar uma indenização para reparação de danos contra os envolvidos, regra com considerável efeito dissuasivo, principalmente para as grandes empresas, pois os principais executivos correm o risco de ser responsabilizados em nome das empresas.

Resumindo, o que deve ser registrado é que na Alemanha o combate à corrupção no serviço público é realizado em quatro níveis: pelas leis, pela persecução penal, pela organização da administração pública e pela conscientização dos funcionários. O estado atualizado do combate à corrupção é divulgado em relatórios periódicos da Conferência de Secretários do Interior.

COMBATE À CORRUPÇÃO ENTRE PARLAMENTARES NO BUNDESTAG ALEMÃO (PARLAMENTO)

Na Alemanha, a prevenção da corrupção na política realiza-se por meio das regras aplicáveis aos parlamentares quanto à restrição de suas atividades paralelas, sendo a atividade profissional paralela ao exercício do mandato permitida, em princípio. Entretanto, a Lei dos Parlamentares (parágrafos 44-a e b) estabelece precisamente o contexto em que essa atividade pode ser exercida. O parágrafo 44-b afirma que um parlamentar não pode aceitar qualquer outro vencimento além daquele previsto pela lei para o exercício de seu mandato ou qualquer outro benefício patrimonial. Por exemplo, é proibido aceitar dinheiro ou doações pecuniárias realizadas com o intento de ver defendidos, no Parlamento alemão, os interesses dos que as efetuam.

Além disso, os estatutos do Parlamento alemão estabelecem regras de conduta para os parlamentares, em que um dos aspectos mais importantes é a obrigatoriedade de informar as atividades exercidas paralelamente ao mandato, as receitas recebidas adicionalmente aos vencimentos e as relações de interesses. Além disso, o Código de Direito Penal dispõe sobre o crime de suborno (parágrafo 108).

COMBATE À CORRUPÇÃO NO EXECUTIVO

O artigo 66 da Constituição Federal, que proíbe o exercício profissional aos membros do governo, garante a prevenção da corrupção nessa esfera. Além disso, existe a Lei dos Ministros Federais, que, entre outros dispositivos, estabelece a obrigação de informar presentes recebidos.

COMBATE À CORRUPÇÃO NOS PARTIDOS POLÍTICOS

A Lei dos Partidos regula a abrangência do financiamento dos partidos pelo Estado e dispõe sobre a obrigação dos partidos em prestar contas sobre a origem e destinação dos seus recursos, inclusive das doações obtidas. Além disso, também determina que as fundações políticas não podem fazer doações aos partidos.

COMBATE À CORRUPÇÃO NA INICIATIVA PRIVADA

Além das medidas do direito penal alemão previstas para combater a corrupção na iniciativa privada, são usadas, principalmente, medidas preventivas, sendo essas organizadas livremente pelos empresários. Destacam-se os chamados programas de ética inspirados no modelo americano. Na Alemanha, esses se reúnem sob o conceito do Código Alemão de Governança Corporativa. Nas grandes empresas alemãs, foram criados departamentos de ética, semelhantes aos existentes nos EUA, encarregados de desenvolver o código moral próprio da empresa, em um programa que se mostrou pouco eficaz até agora, como evidenciam os mais recentes casos de corrupção. Por conseguinte, os grandes grupos estão atualmente empenhados em implementar, em toda corporação, uma abordagem de Gestão da Conformidade (*Compliance Management*), cujo resultado é a continuação do desenvolvimento das estratégias do código, complementadas pelo que se chamou de *compliance*, significando o cumprimento das disposições legais, normas regulatórias e o atendimento de outras exigências das partes interessadas.

A *compliance* também contribui para a estabilidade do modelo de negócios e para melhorar a imagem da empresa na sociedade, e prevê a instalação de estruturas, processos e sistemas organizacionais adequados. Todos os procedimentos da empresa são reestruturados sob a ótica do risco de corrupção. A violação de diretrizes corporativas adotadas voluntariamente pode ser punida de acordo com o direito trabalhista. Além disso, os mecanismos de *controlling* são aperfeiçoados e modificados. Na Alemanha, isso cria problemas na esfera da proteção da privacidade de dados. Portanto, *compliance* deve ser entendida como uma estratégia positiva de prevenção. A direção executiva tem interesse em manter uma empresa limpa, uma vez que, em determinadas circunstâncias, os líderes do grupo podem ser responsabilizados pessoalmente em caso de corrupção na empresa.

Além disso, foi reforçada, na Alemanha, a responsabilidade civil dos conselhos fiscais das empresas, analistas econômicos de bancos e agências de classificação de risco.

CONTROLE DO COMBATE À CORRUPÇÃO

Naturalmente, o Ministério Público e os tribunais são os principais responsáveis pela implementação das normas legais. Em relação à corrupção entre parlamentares e nos partidos, o Parlamento dispõe de uma possibilidade de controle especial, pois os partidos políticos têm a possibilidade de instaurar comissões parlamentares de inquérito. Na democracia parlamentarista, as CPIs têm uma função importante a cumprir. Através delas, o Parlamento tem a possibilidade de atuar de forma autônoma e independente na verificação de fatos que julga necessário esclarecer no cumprimento de suas atribuições constitucionais como representante do povo, sobretudo procedimentos ocorridos na esfera de responsabilidade do governo em que há sinais de irregularidade. A instauração das CPIs é regulada pelo artigo 44 da Constituição alemã.

A mídia desempenha um papel essencial no combate e controle da corrupção na Alemanha, trazendo à luz vários escândalos de corrupção. Muitas vezes argumenta-se que é a pressão da sociedade civil que conduz políticos e burocratas a agir de forma responsável. A mídia, através de seu trabalho investigativo, reforça essa pressão ao atuar em diversos casos de corrupção, contribuindo com um trabalho importante para sua elucidação.

CASOS DE CORRUPÇÃO NA ALEMANHA E SUAS CONSEQUÊNCIAS

Corrupção política: o caso Flick

O chamado Flick-Affair é considerado um dos casos mais espetaculares de corrupção política na Alemanha. O ponto de partida foi uma transação com ações realizada em 1975, na qual o grupo Flick vendeu papéis da Daimler Benz AG ao Deutsche Bank, ao valor de dois bilhões de marcos alemães. Pelo negócio, e baseado no parágrafo 6-b da Lei de Imposto de Renda para Reinvestimentos de Incentivo à Economia, o grupo Flick requereu isenção fiscal ao Ministério da Economia alemão, a autoridade competente. Sem essa medida, o grupo teria de recolher impostos no valor de 986 milhões de marcos. O ministro da Economia à época e seu sucessor (ambos do partido FDP) deferiram o requerimento. Em 1981, o órgão de repressão à fraude fiscal revelou, após longas investigações, que o grupo Flick havia pago valores em espécie a políticos de todos os partidos representados no Bundestag. Na ocasião, o grupo Flick alegou ter-se tratado meramente de doações aos partidos.

O escândalo Flick não apenas teve consequências políticas de amplo alcance como também inaugurou uma nova era de combate à corrupção na Alemanha, em que foram ampliadas, principalmente, as possibilidades de controle parlamentar do combate à corrupção e o sistema de financiamento dos partidos foi colocado sobre novos fundamentos.

Em 1984, foi instaurada uma CPI do caso Flick, cujos trabalhos se estenderam por mais de dois anos. Apenas os interrogatórios consumiram mais de trezentas horas. A CPI mostrou que, na década de 1970, todos os partidos representados no Parlamento, ou seja, CDU, CSU, SPD e FDP, haviam recebido doações do grupo Flick. Algumas foram recebidas através de organizações classificadas como de utilidade pública ligadas a partidos, tais como a Staatsbürgerliche Vereinigung. Entre 1969 e 1980, mais de 25 milhões de marcos foram pagos aos políticos da CDU, CSU, FDP e SPD pelo "caixa dois" do grupo Flick. A recusa do Ministério da Economia alemão em entregar certos documentos à CPI levou à sentença do Tribunal Constitucional alemão sobre as CPIs, que, por conseguinte, tiveram seus direitos fortalecidos.

Ao longo da apuração do escândalo Flick, ficou evidente que CDU, CSU, SPD e FDP foram além das disposições vigentes da Lei dos Partidos, e no debate da questão em meio à sociedade viu-se que essa situação recebia avaliações diferenciadas. Líderes partidários tentavam viabilizar uma anistia, chamando atenção para a dificuldade de seguir estritamente as disposições legais de financiamento dos partidos, mas isso esbarrou na resistência das bases partidárias. Como consequência, a lei de doações a partidos ficou mais rigorosa e foi reforçada a obrigatoriedade de informação por parte dos parlamentares em relação a vencimentos secundários.

Corrupção econômica: Siemens

Um dos maiores casos de corrupção econômica na Alemanha envolve a firma Siemens. Entre 2000 e 2006, o grupo conquistou 1,4 bilhão de euros em contratos mundiais, propinas foram pagas especialmente para ter acesso a lucrativos contratos de construção de usinas de geração de energia e outros projetos. Por um lado, o caso de corrupção na Siemens acarretou consequências legais concretas. O Conselho Fiscal aprovou o acordo proposto ao ex-presidente do grupo, Heinrich von Pierer, sobre a indenização devida pelo caso de corrupção: uma soma em torno dos cinco milhões de euros. Segundo a Siemens AG, foram feitos acordos com outros cinco ex-integrantes da diretoria, e cada um deverá pagar entre um e quatro milhões de euros. Ainda estão em andamento na Promotoria de Munique ações de investigação criminal contra outros executivos da Siemens que não se mostraram dispostos a acordos.

Por outro lado, nos últimos anos, o grupo tem se empenhado cada vez mais na prevenção da corrupção, desejando até mesmo se unir a empresas concorrentes. O objetivo é garantir transparência em licitações e procedimentos idôneos na realização dos projetos. Nesse ponto, vale mencionar o "contrato de integridade" desenvolvido pela Transparência Internacional para ser usado em processos licitatórios, que será utilizado na construção do novo aeroporto Berlim-Brandemburgo.

Um dos componentes do processo de integridade são os observadores externos, que têm livre acesso a todos os documentos da licitação. Além disso, a Siemens declarou-se disposta a participar do aprimoramento das práticas utilizadas nesse setor da indústria, depurar as práticas de adjudicação e atuar, com o grupo do Banco Mundial, no combate à fraude e à corrupção pela iniciativa do *Collective Action*. Como resultado desse compromisso, a empresa cedeu 100 milhões de dólares para a iniciativa Siemens Integrity e, em 9 de dezembro de 2009, lançou uma convocação mundial para o envio de propostas de projetos. O grupo do Banco Mundial tem o direito de verificar a utilização dos recursos e, além disso, o direito de veto na escolha dos grupos participantes ou dos programas anticorrupção.

A Siemens já pode apontar os primeiros resultados positivos de seu processo de reabilitação: em 2009, o grupo conquistou o primeiro lugar entre os pares de sua área no *Dow Jones Sustainability Index*, um índice de sustentabilidade da bolsa americana, que inclui 22 corporações alemãs, deixando para trás a General Electric e outras. No *Capital Compliance* e Gerenciamento de Risco, a empresa atingiu o número máximo de pontos.

CONCLUSÃO

Em resumo, podemos concluir que, na Alemanha, a meta principal é mudar as estruturas que criam oportunidades de corrupção. Muitas vezes, é mais fácil mudar oportunidades que pessoas, trabalhando com uma combinação de medidas legais e morais e de prevenção e repressão. Tem-se consciência de que a corrupção solapa a legitimação da democracia e da economia de mercado e que, através dela, a população perde a confiança na administração pública e na concorrência. Além disso, prejudica nossa imagem internacional.

Referências bibliográficas

NYE, Joseph S. "Corruption and Political Development". *American Political Science Review*, 61, 2, 1967, pp. 417-427.

BULL, Martin L.; NEWELL, James N. (eds.). *Corruption in Contemporary Politics*. Basingstoke: Palgrave MacMillan, 2003.

BLANKENBURG, E.; STAUDHAMMER, R.; STEINERT, H. "Political scandals and corruption issues in West Germany". In: HEIDENHEIMER, A. J.; JOHNSTON, M.; LEVINE, V.T. (eds.). *Political Corruption: A Handbook*. New Brunswick/Londres: Transaction Publishers, 1989.

GIRLING, J. *Corruption, Capitalism and Democracy*. Londres: Routledge, 1997.

OSTENDORF, Heribert. "Bekämpfung der Korruption als rechtliches Problem oder zunächst moralisches Problem". *Neue Juristische Wochenzeitung*, 1999, pp. 615-618.

SALVENMOSER, Steffen; HAUSCHKA, Christoph. "Korruption, Datenschutz und Compliance". *Neue Juristische Wochenzeitung*, 2010, pp. 331-335.

Notas

1. Joseph S. Nye, "Corruption and Political Development", *American Political Science Review*, pp. 417-427.
2. Martin L. Bull e James N. Newell (eds.), *Corruption in Contemporary Politics*.

3. Essa diferenciação baseia-se na avaliação de diversos indicadores, por exemplo, a dinâmica da corrupção, medidas e êxito no combate à corrupção e os efeitos da corrupção política.

4. E. Blankenburg; R. Staudhammer e H. Steinert, "Political Scandals and Corruption Issues in West Germany", in: A. J. Heidenheimer; M. Johnston; V.T. LeVine (eds.), *Political Corruption: A Handbook*. Confira também J. Girling, *Corruption, Capitalism, and Democracy*.

5. Heribert Ostendorf, "Bekämpfung der Korruption als rechtliches Problem oder zunächst moralisches Problem", *Neue Juristische Wochenzeitung*, pp. 615-618. Confira também em Steffen Salvenmoser e Christoph Hauschka, "Korruption, Datenschutz und Compliance", *Neue Juristische Wochenzeitung*, pp. 331-335.

O texto deste livro foi composto em Sabon,
desenho tipográfico de Jan Tschichold de 1964
baseado nos estudos de Claude Garamond e
Jacques Sabon no século XVI, em corpo 10,5/15.
Para títulos e destaques, foi utilizada a tipografia
Frutiger, desenhada por Adrian Frutiger em 1975.

A impressão se deu sobre papel off-white 80 g/m²
pelo Sistema Cameron da Divisão Gráfica
da Distribuidora Record.